UTB 2102

Eine Arbeitsgemeinschaft der Verlage

Wilhelm Fink Verlag München
A. Francke Verlag Tübingen und Basel
Paul Haupt Verlag Bern · Stuttgart · Wien
Hüthig Fachverlage Heidelberg
Verlag Leske + Budrich GmbH Opladen
Lucius & Lucius Verlagsgesellschaft Stuttgart
Mohr Siebeck Tübingen
Quelle & Meyer Verlag Wiebelsheim
Ernst Reinhardt Verlag München und Basel
Schäffer-Poeschel Verlag Stuttgart
Ferdinand Schöningh Verlag Paderborn · München · Wien · Zürich
Eugen Ulmer Verlag Stuttgart
Vandenhoeck & Ruprecht in Göttingen und Zürich
WUV Wien

Ingeborg Hedderich

Einführung in die Körperbehindertenpädagogik

Mit 32 Abbildungen, 4 Tabellen und 21 Übungsaufgaben

Ernst Reinhardt Verlag München Basel

Prof. Dr. päd. *Ingeborg Hedderich,* Professorin für Heil- und Sonder-
pädagogik an der Fachhochschule Magdeburg, Autorin des Buches
„Bewegung und Lagerung im Unterricht mit schwerstbehinderten
Kindern" (Hedderich/Dehlinger, E. Reinhardt Verlag, München 1998).

Die Deutsche Bibliothek – CIP-Einheitsaufnahme

Hedderich, Ingeborg:
Einführung in die Körperbehindertenpädagogik : mit 4 Tabellen
Ingeborg Hedderich. – München ; Basel : E. Reinhardt, 1999
    (UTB für Wissenschaft : Uni-Taschenbücher ; 2102)
    ISBN 3-8252-2102-4 (UTB)
    ISBN 3-497-01505-9 (Reinhardt)

© 1999 by Ernst Reinhardt, GmbH & Co KG, Verlag, München

Einbandgestaltung: Alfred Krugmann, Freiberg/Neckar

Printed in Germany

ISBN 3-8252-2102-4 (UTB-Bestellnummer)

Inhalt

Vorwort

Lieber Leser, liebe Leserin, dieses Buch will Ihnen in Form einer Einführung einen Überblick über zentrale Bereiche der Körperbehindertenpädagogik geben. Die Einführung wurde von mir auf der Grundlage einer zehnjährigen Lehrtätigkeit an verschiedenen Hochschulen in der Körperbehindertenpädagogik, der Mehrfachbehindertenpädagogik und der Heilpädagogik geschrieben. Darüber hinaus bin ich selbst Sonderschullehrerin für Kinder mit körperlichen und geistigen Behinderungen, war einige Jahre im Schuldienst, wovon ich immer noch zehre. Folglich richtet sich das Buch an Studierende der Sonder- und Heilpädagogik. Es werden aber auch interessierte Studierende aus Pädagogik, Sozialpädagogik, Sozialarbeit und Psychologie angesprochen.

Unterschiedliche Ansätze sollen Ihnen verdeutlicht werden, die für die praktische Arbeit bestimmend sind. Meine Absicht ist, in diesem Lehrbuch Basiswissen für Studierende in den Anfangssemestern zusammenzutragen. Zwangsläufig wäre es vermessen, eine komplette und detaillierte Analyse der gesamten sonderpädagogischen Teildisziplin zu erwarten. Um Ihren möglichen Wünschen nach Vertiefung des Grundlagenwissens zu entsprechen, enthält dieses Buch jedoch einen ausführlichen Teil an Arbeitsmaterialien.

Sie haben ein Buch vor sich, das Sie nicht nur zum vertiefenden Selbststudium anregen möchte, sondern Sie auch zur Reflexion einlädt. Hier liegt Ihre Entscheidung, sich dem Text auch nachdenkend zu öffnen.

Im Zentrum steht die Frage: Was bedeutet eine Körperbehinderung unter pädagogischen Aspekten? Das erste Kapitel gibt Ihnen zunächst einen kurzen Abriß über historische Daten. Das zweite Kapitel hat die Aufgabe, medizinisches Grundlagenwissen über Behinderungsformen zu vermitteln. Zwei weitere Kapitel befassen sich mit institutionellen Formen der Förderung. Fragen der schulischen Förderung werden ausführlich behandelt. Die überwiegende Mehrheit der Studierenden der Körperbehindertenpädagogik strebt einen Lehramtsabschluß an. Menschen mit schwersten Behinderungen, die seit Mitte der 70er Jahre deutlich das Bild der Schülerschaft der Schule für Körperbehinderte prägen, wurde ein eigenes Kapitel gewidmet. Anschließend wird auf den Übergang in das Erwachsenenleben eingegangen. Nicht unberücksichtigt bleiben grundlegende Überlegungen zur Hilfsmittelversorgung. Abgerundet wird das Buch durch einen Ausblick auf das Spannungsverhältnis zwischen Körperbehindertenpädagogik in Praxis und Theorie.

Mit Sicherheit wäre dieses Buch nicht so schnell entstanden, wenn es nicht Menschen gegeben hätte, die wertvolle Mitarbeit geleistet haben.

Ich bedanke mich bei Frau Sigrid Proß und insbesondere bei Frau Anja Kießling für die Erstellung des Typoskriptes, bei Frau Katharina Pfennigstorf, ihre Ausarbeitung über Hilfsmittel liegt Kapitel 7 zugrunde, und bei Frau Heidemarie Bach für ihre zahlreichen Zeichnungen.

Widmen möchte ich dieses Buch den nicht zählbaren Studierenden (sehr häufig jungen Frauen mit dem Berufsziel Sonderschullehrerin), mit denen ich während meiner bisherigen Lehrtätigkeit zusammengearbeitet habe. Studentisches Interesse und Engagement haben mich stets in meiner Intention bestärkt, theoretische Aspekte der Körperbehindertenpädagogik möglichst praxisnah und anschaulich zu vermitteln. Pragmatischen Gesichtspunkten fühlt sich auch das vorliegende Buch verpflichtet.

Ich wählte bewußt die weibliche Sprachform bei Berufsbezeichnungen (Lehrerin, Physiotherapeutin, Erzieherin ...), da im Rahmen der Körperbehindertenpädagogik überwiegend Frauen tätig sind (geschlechtsspezifische Informationen werden gesondert vermerkt). Wenn eine Aussage über Schüler mit einer Körperbehinderung getroffen wird, so bleibt diese ebenso bewußt in der männlichen Form. In der Schule für Körperbehinderte ist das männliche Geschlecht häufiger vertreten.

Sämtliche in diesem Buch vorkommenden Eigennamen von Kindern und Eltern wurden verändert.

Halberstadt, im März 1999   Ingeborg Hedderich

Hinweise zur Benutzung dieses Lehrbuches

Mein Anliegen ist, Ihnen das notwendige Basiswissen so anschaulich wie möglich zu vermitteln. Zur Theorie-Praxis-Verknüpfung wurden zahlreiche Beispiele in den Text integriert. Am Ende jedes Kapitels können Sie Ihr Wissen durch Übungsaufgaben überprüfen. Lösungshinweise finden Sie im Anhang. Zur besseren Orientierung wurde das gesamte Buch in Form eines roten Fadens durch unterschiedliche Piktogramme strukturiert.

Forschung
Dieses Piktogramm verweist auf zentrale Forschungsergebnisse. In der Körperbehindertenpädagogik wird überwiegend empirisch, d. h. erfahrungswissenschaftlich, geforscht.

Didaktik
Themen: Unterrichtsplanung, Fragen des Lehrens und Lernens

Definition
Dieses Piktogramm verweist auf Vorteile und Nachteile von Methoden, Standpunkten etc.

Beispiel

Kritik

Literaturempfehlung, weiterführende Literatur

Übungsaufgaben am Ende der Kapitel

1. Einführung: Historischer Abriß

Wenn Sie sich für die Geschichte der Körperbehindertenpädagogik interessieren, dann werden Sie im wesentlichen immer wieder zu folgenden Quellen geführt: Merkens (1981), Schmeichel (1983a), Wilken (1983) und Möckel (1988). Im Zentrum einer historischen Betrachtung steht die Frage: Welche sozialen Einstellungen werden Menschen mit einer Körperbehinderung in den verschiedenen Epochen und Kulturen entgegengebracht?

Frühzeit und Mittelalter

Wenden wir zunächst den Blick zurück hin zu den Anfängen der Menschheitsgeschichte. In der Frühgeschichte und in der Antike gehörten Körperbehinderte zu den Ausgestoßenen. Die körperliche Andersartigkeit löste Ablehnung aus. Oft wurden körperbehinderte Kinder gleich nach der Geburt ausgesetzt. Die körperliche Andersartigkeit löste aber auch Neugier aus. Auf Jahrmärkten wurden sie zur Schau gestellt und bei Hofe zur Belustigung als Narren gehalten. Jahrhundertelang haben körperbehinderte Menschen dieses Schicksal erdulden müssen (Wilken 1983).

Verschiedene
Kulturen

In der jüdischen Kultur entwickelte sich die Vorstellung, daß körperliche Gebrechen Strafen für Sünden seien, die gegenüber der Gottheit begangen wurden. Bei den Griechen wurden Kinder mit Gebrechen ausgesetzt oder getötet. Gleiches galt bei den Römern. Kindesaussetzung wurde erst unter dem Einfluß des Christentums verboten. Behinderte verdienten ihren Lebensunterhalt durch Betteln oder wurden in Klöstern versorgt.

Neuzeit und Gegenwart

Aufklärung

Neben den Anstößen aus dem Christentum brachte die Epoche der Aufklärung entscheidende Veränderungen. Das Leben wurde nicht mehr als schicksalhaft verstanden, sondern als veränderbar angesehen. Mitte des 18. Jahrhunderts waren es dann zunächst Orthopäden, die eine Korrektur körperlicher Gebrechen versuchten (Wilken 1983). Der Schweizer Arzt Venel gründete 1780 das erste orthopädische Institut. Klumpfüße und Rückgratverkrümmungen wurden mit Schienen und verschiedenen Apparaten korrigiert. Neben der Versorgung mit orthopädischen Hilfsmitteln fand bereits Unterricht am Krankenbett statt. Lehrer waren für Erziehung und Unterricht zuständig. In Deutschland wurde 1816 von Heine ein ähnliches Institut eröffnet. 1823 wurde durch den Arzt Blömer eine „Heilanstalt für arme verwachsene Kinder" ins Leben gerufen. Die genannten orthopädischen Anstalten gaben einen bedeutsamen Anstoß für die Entstehung der Körperbehindertenpädagogik. Die medizinische Versorgung stand jedoch im Vordergrund.

Neben eher orthopädisch orientierten Ansätzen muß auch sozialpädagogisches Engagement erwähnt werden. 1832 gründete von Kurz in München eine Industrie- und Handwerkerschule für „arme, krüppelhafte Knaben". Ziel dieser ersten Bildungsanstalt für Körperbehinderte war die Vermittlung einer Ausbildung als Existenzgrundlage. Für die Körperbehindertenhilfe bedeutsam waren auch Vertreter der christlichen Kirche. Zu nennen ist das Oberlinhaus in Nowawes bei Potsdam; es wurde 1886 von Pastor Hoppe als „Vollkrüppelheim" geführt. Das Heim war ausgerichtet auf ärztliche Behandlung, schulische Bildung und Dauerversorgung. Christliches Engagement ist auch in anderen europäischen Ländern zu verzeichnen. Beispielhaft sei die Gründung eines „Ambulatoriums für Krüppel" 1872 in Kopenhagen genannt (gegründet durch Pastor Knudsen).

Ursprünge der Körperbehindertenpädagogik

Zu Beginn des Jahrhunderts entstand das Oskar-Helene-Heim in Berlin, eine Stiftung des Fabrikantenehepaares Pintsch. Unter der Leitung des Orthopäden Biesalski und des Pädagogen Würtz galt es als beispielhaftes Zentrum der Körperbehindertenhilfe in Deutschland. Neben stationären Einrichtungen gab es vereinzelt „Ambulante Krüppelschulen" in Hamburg, Berlin und Breslau. Es waren Vorläufer der heutigen Schulen für Körperbehinderte. Auch in Österreich wurde 1926 eine erste Tagesheimsonderschule errichtet.

Die Zeit des Nationalsozialismus brachte einen Rückfall in die Phase der Aussonderung und Tötung. Im Detail lassen sich drei Phasen unterscheiden: 1933 bis 1938 Sterilisation, 1939 bis 1941 „Euthanasie", 1942 bis 1945 Massenvernichtung in Konzentrationslagern (Jantzen 1982, 136–157).

Nach der deutschen Teilung wurde sowohl in der Bundesrepublik Deutschland (BRD) als auch in der ehemaligen Deutschen Demokratischen Republik (DDR) ein eigenständiges Sonderschulwesen für Körperbehinderte weiter ausgebaut. Auf dem Gebiet der ehemaligen DDR entstanden in den 50er Jahren in

Historische Entwicklung in BRD und DDR

verschiedenen Bezirkshauptstädten Tagesschulen für Körperbehinderte (Berndt 1986). In der BRD waren es Ende der 50er und Anfang der 60er Jahre Elternverbände, die einen schnellen Ausbau wohnortnaher Schulen für Körperbehinderte vorantrieben. Eltern forderten eine besondere Schule für ihre Kinder. Sie glaubten, daß die notwendige spezielle Förderung nur in einer separaten Einrichtung durchsetzbar sei.

Im letzten Jahrzehnt ist die Körperbehindertenpädagogik wieder in Bewegung geraten. In den neuen Bundesländern wurde das gesamte Bildungssystem umstrukturiert. Aber auch in den alten Bundesländern befindet sich die Sonderpädagogik im Wandel. In den 60er Jahren waren es zunächst Kinder mit Gliedmaßenfehlbildungen infolge der „Contergankatastrophe", die im Zentrum der Körperbehindertenpädagogik standen. Ende der 70er Jahre rückten Menschen mit schwersten Behinderungen, insbesondere schwersten cerebralen Bewegungsstörungen, in den Mittelpunkt des sonderpädagogischen Denkens und Handelns. Darüber hinaus forderte die Integrationsdiskussion in den 80er und 90er Jahre eine Standortbestimmung. In diesem Zusammenhang wurden die Förderbedürfnisse von Menschen mit körperlichen Behinderungen zur zentralen Kategorie der Körperbehindertenpädagogik.

Fassen wir am Ende des historischen Abrisses wichtige Daten zur geschichtlichen Entwicklung des Umgangs mit behinderten Menschen noch einmal zusammen. Es lassen sich drei Stationen unterscheiden:

Merke

1. Tötung von Menschen mit Behinderung in den antiken Kulturen.
2. Von Humanität getragene Aussonderung in die Klöster im Mittelalter.
3. Anerkennung der Bildungsfähigkeit und Durchführung systematischer Maßnahmen der Rehabilitation im 19. und 20. Jahrhundert. Ermordung einer großen Zahl behinderter Menschen in der Zeit des Nationalsozialismus.

Aktuelle Situation

Mehrfachbehindertenpädagogik und Schwerstbehindertenpädagogik

Körperbehindertenpädagogik, deren geschichtliche Entwicklung wir in diesem Kapitel betrachtet haben, ist zugleich Mehrfach- und Schwerstbehindertenpädagogik. Der Begriff „Mehrfachbehinderung" stammt aus den 70er Jahren und versuchte, die Komplexität von Behinderung zu kennzeichnen (Hartmann 1972, Solarová 1975). Auch eine Körperbehinderung besteht in der

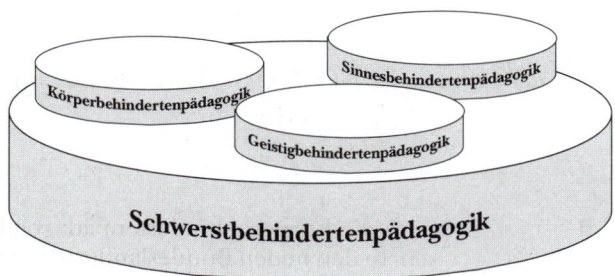

Abb. 1:
Schwerstbehinder-
tenpädagogik
(Hedderich 1997a,107)

Regel aus einem Beziehungsgeflecht mehrerer Behinderungsformen.

In jüngster Zeit wird der Begriff der „komplexen Mehrfachbehinderung" verwendet, um den intensiven Förderbedarf von
Menschen mit schwersten Behinderungen zu charakterisieren. In
der gegenwärtigen Körperbehindertenpädagogik nimmt die
Schwerstbehindertenpädagogik eine zentrale Position ein. Die
Schwerstbehindertenpädagogik ist die jüngste pädagogische Teildisziplin und hat sich erst innerhalb der letzten zehn Jahre entwickelt. Sie ist Mehrfachbehindertenpädagogik, da Menschen mit
schwersten Behinderungen mehrfachbehindert sind. Sie hat Be-
rührungspunkte zur Körperbehindertenpädagogik, Geistigbehindertenpädagogik und Sinnesbehindertenpädagogik, wobei
ihre „pädagogischen Wurzeln" vorwiegend in den beiden erstge-
nannten Disziplinen liegen.

Die pädagogischen Förderbedürfnisse und die erschwerte Lebenssituation von Menschen mit einer Körperbehinderung verlangen den „Blick über den Zaun" zu anderen sonderpädagogischen Teildisziplinen (Hedderich 1997a).

Übungsaufgaben zu Kapitel 1

Sie haben nun zentrale Daten zur Geschichte der Körperbehindertenpädagogik kennengelernt. Damit Ihnen dieses Wissen im
Gedächtnis bleibt, beantworten Sie bitte folgende Fragen:

Beschreiben Sie die Einstellung gegenüber Behinderten in Früh-
zeit und Mittelalter! **Aufgabe 1**

Skizzieren Sie Verdienste von von Kurz und Würtz für die Entwicklung der Körperbehindertenpädagogik! **Aufgabe 2**

2. Personenkreis: Menschen mit Körperbehinderung

Menschen mit einer Körperbehinderung stellen eine sehr heterogene Gruppe dar. Ihnen gemeinsam ist das Merkmal der Bewegungsbeeinträchtigung. Eine körperliche Behinderung betrifft den Menschen stets in seiner Gesamtpersönlichkeit. Motorik, Wahrnehmung, Kognition und Emotion sind untrennbar und vielfältig miteinander vernetzt. Die Körpermotorik kann nur sehr leicht betroffen sein. Bei einer schwersten motorischen Schädigung können die Bewegungsmöglichkeiten jedoch aufs massivste eingeschränkt sein.

Beschreibungsmerkmale

körperbehindert

Als körperbehindert wird ein Mensch bezeichnet, wenn er infolge einer Schädigung des Stütz- und Bewegungsapparates oder einer anderen organischen Schädigung in seiner Bewegungsfähigkeit beeinträchtigt ist. Die eingeschränkte Bewegungsfähigkeit und die Veränderung des äußeren Erscheinungsbildes können die Selbstverwirklichung in sozialer Interaktion erschweren. Im Gegensatz zu einer vorübergehenden Krankheit muß es sich um einen längerfristigen oder lebenslangen Zustand handeln, wobei die Übergänge zu chronischen Erkrankungen jedoch fließend sind. Nicht jede körperliche Schädigung ist zwangsläufig mit einer Behinderung gleichzusetzen. Ein Rollstuhlfahrer wird sich möglicherweise in einer Gesprächssituation nicht als behindert erleben. Die Behinderung tritt erst bei einem anschließenden Spaziergang in Erscheinung.

Im folgenden Kapitel erhalten Sie zunächst Basiswissen zu den Bereichen Motorik und Wahrnehmung und anschließend einen Überblick über verschiedene Behinderungsformen. Sie sollten dieses medizinische Wissen als eine notwendige Grundlage ansehen, um die spezielle Lebenswelt von Menschen mit einer Körperbehinderung verstehen zu können. Wenn Sie Ihr Wissen über eine bestimmte Behinderungsform noch vertiefen möchten, so ist folgende Lektüre empfehlenswert:

Die Bundesarbeitsgemeinschaft „Hilfe für Behinderte" (BAG) gibt die Schriftenreihe „Kommunikation zwischen Partnern" heraus. In mehr als 30 Heften wird jeweils eine Behinderungsform anschaulich und umfassend erläutert.

Entwicklung der Motorik

Nach der Geburt ist die Hirnreifung nahezu abgeschlossen. Es werden kaum mehr neue Zellen gebildet. Unter Reifung ist ein endogen gesteuerter Vorgang zu verstehen, der sich von äußeren Faktoren weitgehend unabhängig vollzieht. Durch die Ausbildung von Dendriten und Axonen (Fortsätzen an den Nervenkörpern) treten die Nervenzellen untereinander in Verbindung. Diese Verbindungsstellen (Synapsen) dienen als Schaltstellen zur Weiterleitung von Reizen in Form elektrischer Impulse. Die Weiterleitung zwischen dem Zentralnervensystem und einem Muskel erfolgt über Myelinscheiden oder Markscheiden. Es sind spezielle Zellen, die in der weißen Substanz des Gehirns gebildet werden. Sie wickeln sich als Isolierschicht um die langen Nervenfasern. Die physiologische Ausreifung der Myelinscheiden kann an der motorischen Entwicklung des Säuglings abgelesen werden. Sie vollzieht sich nach einem festgelegten Plan. Die Markscheidenreifung erfolgt zunächst körpernah, erst später reifen die weiter vom Körper wegführenden Nervenbahnen. Erste frühkindliche Bewegungen beruhen auf Reflexen. Dies sind unwillkürlich gesteuerte Bewegungsautomatismen. Die Impulse gehen vom Hirnstamm aus. Der Bezirk ist für lebenswichtige Funktionen wie Atmung und Kreislauf zuständig. Frühkindliche Reflexe sind elementare Überlebensstrategien. Reflexe werden mit zunehmender Reifung des Kortex gehemmt und in komplexere, also höhere Bewegungsmuster integriert. Liegt eine Schädigung der höheren Zentren vor, so können die frühkindlichen Reflexe nicht abgebaut werden und persistieren. Bei Cerebralen Bewegungsstörungen ist dies der Fall. Das Kind verbleibt in den starren Bewegungsautomatismen. Es werden verschiedene Reflexarten unterschieden:

Reflexe der Nahrungsaufnahme: Sie sind überlebenswichtig, nur der Würgreflex bleibt bis zum Lebensende erhalten. Beispiel: Bei der Berührung an Lippe oder Gaumen wird der Saug- und Schluckreflex ausgelöst. Es erfolgt eine automatische Abfolge von saugen, schlucken, atmen. Der Reflex verliert sich nach dem 4. bis 5. Monat.

Reflexe

Reflexe des Lage- und Bewegungssinns und Haltereflexe: Diese Reflexe haben zunächst noch Schutzfunktion, wie z. B. der palmare Greifreflex. Bei der Weiterentwicklung der Bewegungsformen müssen sie jedoch vollständig abgebaut werden. Beispiel: Die Auslösung des palmaren Greifreflexes erfolgt durch ein Auflegen des Zeigefingers in die Hohlhand. Als Reaktion schließt sich die Hand, und es erfolgt eine Beugung aller Finger. Der Reflex sollte bis zum 3. Monat verschwunden sein, wenn das Kind beginnt, sich aufzustützen.

Tonische Reflexe: Durch die Aktivität der tonischen Reflexe wird eine übermäßige Muskelspannung hervorgerufen. Durch die Änderung der Kopfstellung im Raum oder gegenüber dem Rumpf erfolgt eine voraussagbare Änderung des Muskeltonus im gesamten Körper. Beispiel: asymmetrisch-tonischer Nackenreflex (ATNR), durch Reizung der Propriozeptoren (Muskellagesinne) in der Nackenmuskulatur und Drehen des Kopfes zur Seite erfolgt eine Streckung der Extremitäten der Gesichtsseite und Beugung der Extremitäten der Hirnhauptseite. Der Reflex wird bis zum 6. Monat abgebaut.

Stellreflexe: Diese Reflexe ersetzen die schwindenden tonischen Reflexe. Sie sind Grundlage für höhere Bewegungs- und Haltungsmuster und ermöglichen Kopfkontrolle und Rotation. Stellreaktionen werden in komplexere Muster integriert. Beispiel: Labyrinth-Stellreflex; wird der Rumpf z. B. zur Seite gekippt, nimmt der Kopf eine vertikale Stellung im Raum ein. Ermöglicht wird so ein Kopfheben und Erlernen der Kopfkontrolle. Der Reflex hält bis zum 12. Monat an.

Bedeutung von Bewegung

Wir hatten zunächst festgehalten, daß eine Körperbehinderung die Bewegungsmöglichkeiten beeinträchtigt. Wie funktioniert Bewegung, z. B. der einfache Bewegungsvorgang, dieses Buch zur Hand zu nehmen, es aufzuschlagen, um dieses Kapitel lesen zu können?

Ganz einfach ausgedrückt, läßt sich Bewegung als Auslöser und Ergebnis von Schaltvorgängen begreifen, die im Gehirn organisiert werden (Rohen 1987). Drei Schaltstellen im Gehirn sind für Bewegung zuständig: Großhirnrinde, Stammhirn und Kleinhirn.

Bewegungs-vorgang

Impulse für gezielte Einzelbewegungen gehen im wesentlichen von der Großhirnrinde (Kortex) aus. Der Impuls wird über absteigende Bahnen (efferente), sich kreuzende Pyramidenbahnen, über motorische Vorderhornzellen im Rückenmark und über wei-

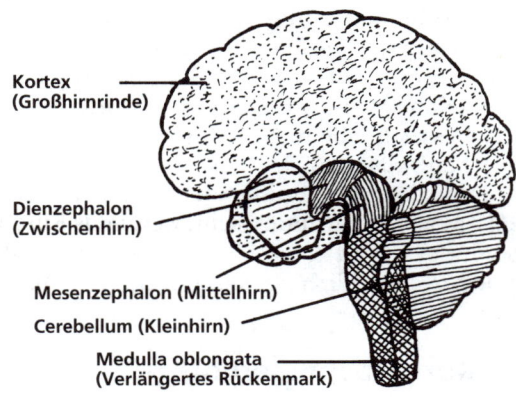

Kortex
(Großhirnrinde)

Dienzephalon
(Zwischenhirn)

Mesenzephalon (Mittelhirn)

Cerebellum (Kleinhirn)

Medulla oblongata
(Verlängertes Rückenmark)

Abb. 2:
Aufbau des Gehirns
(Zeichnung H. Loer)

tere Schaltstellen (Synapsen) zu den entsprechenden Muskeln wei-
tergeleitet. Für differenzierte Bewegungen sind auch vom Stammhirn (Subkortex) kommende, über extrapyramidale Nervenbahnen verlaufende unwillkürliche Bewegungsimpulse notwendig.
Zum Stammhirn gehören Mittelhirn, Brücke und verlängertes
Rückenmark. Des weiteren spielt das Kleinhirn (Cerebellum) eine
zentrale Rolle. Wichtige Funktionen sind: Bewegungskoordination
(Wirk- und Gegenwirkmuskel) und Feinabstimmung von Bewegung.

Bewegung und Wahrnehmung

Verschiedene Untersuchungen belegen, daß ein enges Zusam-
menspiel zwischen Bewegung und Wahrnehmung besteht. Neumann (1977) konnte in einer Untersuchung bei Kindern mit cerebralen Bewegungsstörungen festhalten, daß eingeschränkte
Bewegungserfahrungen zu Veränderungen im Bereich der Wahrnehmung führen.

Häufig wird in diesem Zusammenhang Piaget (1969) angeführt, um das enge Wechselspiel zwischen Bewegung, Wahrnehmung und Kognition zu verdeutlichen. In der geistigen Entwicklung des Kindes ist uns bekannt, daß es sich seine Strukturen
durch das Begreifen seiner Umwelt aneignet. Es lernt in und durch
Bewegung. Gesammelte Erfahrungen dienen als Ausgangspunkt
für weiteres Lernen. Ist ein Kind aufgrund einer Körperbehinderung nicht in der Lage, in der Bauchlage seinen Kopf zu heben, um einen Gegenstand mit den Augen zu fixieren, so fehlt
ihm ein entscheidendes Bewegungsmuster als Voraussetzung für
differenziertere Bewegungsformen. Das Kind wird nicht fähig sein,
eine Auge-Hand-Koordination zu erreichen (Flehmig 1996). Kin-

der mit Bewegungsbehinderungen sind generell in ihrer Möglichkeit eingeschränkt, Umwelterfahrungen zu sammeln. Ein nichtbehindertes Kind kann auf einen Ball zukrabbeln, ihn ertasten und aus der Nähe betrachten. Das bewegungsbeeinträchtigte Kind schafft dies nicht allein, es benötigt Hilfestellung. Innerhalb der Körperbehindertenpädagogik kann das stellvertretende Handeln, das Beobachten eines Modells mittelbare Handlungsmöglichkeiten eröffnen. Für die Förderung von Kindern mit einer Körperbehinderung ist es deshalb sehr wichtig, daß die eigenen Handlungen sprachlich begleitet werden.

Formen der Körperbehinderung

Die größte Gruppe stellen „cerebrale Bewegungsstörungen" dar. Nach einem ersten Überblick wird diese Behinderungsform daher in einem eigenen Abschnitt (s. S. 21ff) noch vertieft. Cerebrale Bewegungsstörungen können frühkindlich (vor, während oder kurz nach der Geburt) entstehen oder zu einem späteren Zeitpunkt (z. B. durch ein Schädel-Hirn-Trauma) erworben werden. Je nach Lokalisation der Hirnschädigung kommt es zu verschiedenen Behinderungsarten, die nicht selten als Mischformen auftreten (s. Abschnitt „Bedeutung von Bewegung", S. 18ff).

Spina bifida

Die Spina bifida entsteht aufgrund einer Verschlußstörung des Neuralrohres zwischen der zweiten und vierten Schwangerschaftswoche. Es kommt zu einer Hemmungsmißbildung des Rückenmarks, seines Hüllgewebes und der Wirbelbögen. Das Ausmaß der Schädigung wird bestimmt von der Höhe und der Ausdehnung der Rückenmarksschädigung. Beeinträchtigungen von Motorik und Sensibilität sind die Folge. Häufig kommt es zu einer Ausbildung eines Hydrozephalus („Wasserkopf") sowie zu Störungen im Blasen- und Mastdarmbereich. Durch eine völlige Querschnittslähmung oder Teillähmung wird die Bewegungsfähigkeit der unteren Körperhälfte in der Regel so sehr eingeschränkt, daß eine Fortbewegung nur mit Hilfe von Rollstuhl oder Gehapparat möglich ist.

Poliomyelitis

Eine Poliomyelitis (Spinale Kinderlähmung) hat ebenfalls eine Lähmung unterschiedlichen Ausmaßes zur Folge, die jedoch ohne Sensibilitätsstörungen auftritt. Das Poliovirus befällt vor allem die motorischen Vorderhornzellen des Rückenmarks bei Kindern im zweiten bis zehnten Lebensjahr.

Muskeldystrophie

Im Gegensatz zu Schädigung von Gehirn und Rückenmark ist bei der progressiven Muskeldystrophie das Muskelgewebe betroffen. Die Behinderungsform ist genetisch bedingt. Der Abbau des Muskelgewebes bedingt Funktionsausfälle. Zunehmende Bewegungsbeeinträchtigungen führen meist bis zur Rollstuhlabhängigkeit. Die Lebenserwartung ist in vielen Fällen stark herabgesetzt.

Bei einem Überblick über Behinderungsformen sind auch *chronische Krankheiten* und *Fehlfunktionen von Organen* zu nennen. *Rheuma* ist ein Sammelbegriff für schmerzhafte Erkrankungen des Skelettsystems und des Bewegungsapparates. Hier finden sich vielfältige Krankheiten, die sehr unterschiedliche Ursachen haben können. Zu den angeborenen oder erworbenen Erkrankungen von Herz, Kreislauf und Gefäßen zählt der *Herzklappenfehler.* Bei Erkrankungen und Fehlbildungen des Skelettsystems können unterschiedliche Ursachen sowohl zu einer pathologischen Steigerung des Längenwachstums als auch zu einer Wachstumshemmung führen. Die *Osteogenesis imperfecta* (Glasknochenkrankheit) ist eine angeborene Störung, die zu einer erheblichen Knochenbrüchigkeit führen kann. Fehlstellungen der Wirbelsäule sind zum Teil erblich bedingt, aber auch Folgeerscheinung wie bei einer Halbseitenlähmung. Unterschieden wird zwischen: *Skoliose* (seitliche Verbiegung), *Kyphose* (Verkrümmung nach hinten), *Lordose* (Verkrümmung nach vorne).

Weitere Formen

Cerebrale Bewegungsstörung – eine Mehrfachbehinderung

Welche Auswirkungen eine infantile Cerebralparese, d. h. eine cerebrale Bewegungsstörung, die frühkindlich erworben wurde, auf die Gesamtentwicklung eines Kindes haben kann, verdeutlicht Abb. 3.

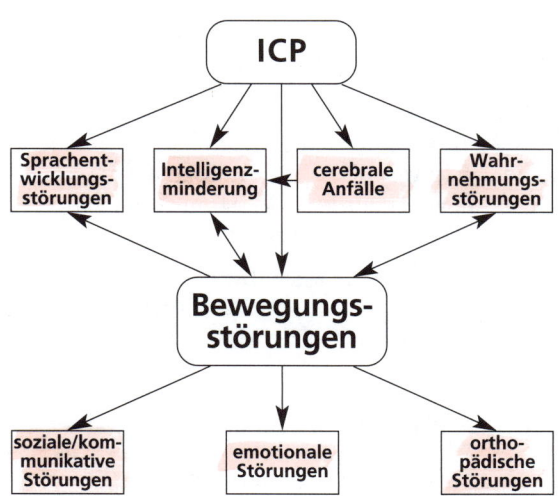

Abb. 3:
Infantile Cerebralparese und ihre Wechselwirkungen (Hedderich/Dehlinger 1998, 34)

Komplexität der Behinderung

Wie Sie Abb. 3 entnehmen können, ist die Bewegungsstörung nur *eine* Ausdrucksform der infantilen Cerebralparese. Cerebrale Anfälle sind meist Folge der Hirnschädigung. Auch eine Störung der am Sprechvorgang beteiligten Nerven und Bahnen (Dysarthrie oder Anarthrie) steht in direktem Zusammenhang mit der cerebralen Bewegungsstörung. In einem engen Beziehungsgeflecht sind mögliche Störungen in Bereichen der sozialen, kommunikativen und emotionalen Entwicklung des Kindes zu sehen.

Cerebrale Bewegungsstörungen lassen sich in drei Ausprägungsformen einteilen, die sehr häufig als Mischformen auftreten: *Spastik, Athetose* und *Ataxie.* Allgemeine Kennzeichen sind: abnorme Muskelspannung und eine gestörte Koordination von Bewegungsabläufen.

Spastik

Bei spastischen Lähmungen ist die Muskelspannung erhöht (Hypertonus). Die Hirnschädigung betrifft das für die Willkürmotorik verantwortliche pyramidale System (Kapitel: Bedeutung von Bewegung). Das Wechselspiel der Muskeln zwischen Anspannung und Entspannung ist gestört. Die Muskulatur ist erhärtet, und es besteht eine gesteigerte Reflexbereitschaft. Kennzeichen sind:

- eingeschränkte motorische Bewegungsfähigkeit,
- stereotype Bewegungsmuster,
- starre Körperhaltung,
- Gleichgewichtsstörung,
- feinmotorische Schwierigkeiten.

Athetose

Für Athetosen (griech.: athetos = ohne feste Stellung) ist eine wechselnde Muskelspannung kennzeichnend. Die Schädigung liegt hier im extrapyramidalen System (Kapitel: Bedeutung von Bewegung). Im Ruhezustand ist die Muskelspannung niedrig. Plötzlich einschießende Impulse führen zu ausfahrenden Bewegungen der Extremitäten. Häufig ist die Mimik durch unwillkürliches Grimassieren mitbetroffen. Kennzeichen sind:

- Die Kopfkontrolle ist sehr erschwert. Dadurch kommen die Kinder nur mühsam in höhere Positionen.
- Schwierigkeiten bei der Nahrungsaufnahme und der Artikulation,
- Gleichgewichtskontrolle stark beeinträchtigt,
- Gehen nur bei leichten Formen und dann erst sehr spät möglich,
- fast immer orthopädische Spätschäden.

Der Ataxie (von griech. = ohne Ordnung) liegt eine Schädigung des Kleinhirns zugrunde. Sie äußert sich in einer hypotonen (verminderten) Grundspannung der Muskulatur. Ataxien zeigen sich durch die mangelnde Fähigkeit, zielsichere Bewegungen auszuführen. Das Gangbild ist unsicher, bei feinmotorischen Bewegungsausführungen tritt heftiges Zittern auf. Kennzeichen sind:

Ataxie

- mangelhafte Bewegungskoordination,
- erhebliche Gleichgewichtsstörungen,
- feinmotorische Fähigkeiten stark eingeschränkt,
- Sprache auffällig durch Dysarthrie,
- Gehen ist häufig möglich,
- orthopädische Spätschäden.

Bei cerebralen Bewegungsstörungen können alle vier Extremitäten (Tetraplegie), die Beine (Diplegie) oder eine Körperhälfte (Hemiplegie) betroffen sein.

Lokalisation

Erscheinungsbild

Kennzeichen der Tetraplegie:

- Bei stark erhöhtem Muskeltonus ist kaum die Möglichkeit gegeben, in eine höhere Position zu kommen.
- Grob- und Feinmotorik äußerst stark beeinträchtigt,
- immer orthopädische Spätschäden.

Tetraplegie

Abb. 4:
Der gesamte Körper, Kopf, Rumpf und alle vier Extremitäten sind betroffen.

Kopf: Opisthotonus: Der Rumpf ist wegen der überhöhten Muskelspannung nach hinten gebeugt.

Arme: überwiegend in Beuge- und Pronationsstellung, d. h., die Hand ist einwärts gedreht; Hände in Fausthaltung.

Beine: Streck- oder Beugemuster, Innenrotation der Beine, Fußfehlstellungen.

(Hedderich/Dehlinger 1998, 36)

Diplegie

Lokalisation   Erscheinungsbild

Abb. 5:
In der Regel sind die unteren Extremitäten betroffen.
Beine: Hüft- und Knieflexion, Beine in Innenrotation, Fußfehlhaltung.
(Hedderich/Dehlinger 1998, 37)

Kennzeichen der Diplegie sind:

- Aufrichtung in eine höhere Position meist möglich,
- freies Gehen oder Gehen mit Hilfsmitteln ist spät, aber häufig möglich,
- fast immer orthopädische Spätfolgen.

Hemiplegie

Lokalisation   Erscheinungsbild

Abb. 6:
Es ist nur eine Körperhälfte betroffen. Die oberen Extremitäten sind meistens stärker geschädigt als die unteren.
Arm: in Abduktion (Bewegung weg vom Körper, abgespreizt) oder Adduktion (Bewegung hin zum Körper, angewinkelt), Ellbogen- und Handflexion, Hand in Pronation.
Beine: Innenrotation, häufig Streckmuster, Fußfehlstellungen.
(Hedderich/Dehlinger 1998, 38)

Kennzeichen der Hemiplegie sind:

- Feinmotorische Fingerbewegung oft nicht möglich,
- beidhändige Tätigkeiten fast nicht möglich und erschwert,
- freies Gehen ist möglich,
- häufig Gleichgewichtsstörungen,
- oft orthopädische Spätschäden.

Besonderheiten der Entwicklung von Wahrnehmung, Gedächtnis und Intelligenz

Grundsätzlich gilt: Die nachfolgenden möglichen Besonderheiten sind nicht verallgemeinerbar. Sie sind nicht grundsätzlich zu finden, sondern treten bei Kindern mit Körperbehinderungen sehr individuell in Erscheinung.

Relativ viele Kinder mit einer Körperbehinderung zeigen „zentrale Wahrnehmungsstörungen" (Schmidt 1972). Derartige Störungen sind in Verbindung mit cerebralen Schädigungen zu sehen, zugleich sind sie aber auch Auswirkung von veränderten sensomotorischen Entwicklungsbedingungen. Die Störung liegt in der zentral-nervösen Reizverarbeitung. Dies kann sich darin zeigen, daß Kinder mit Körperbehinderungen zwar Sinnesreize aufnehmen, aber nicht zwischen wesentlichen und unwesentlichen Reizen unterscheiden können. In der Literatur wird häufig die „Figur-Hintergrund-Differenzierungsschwäche" genannt. Die betroffenen Kinder haben Schwierigkeiten, eine Abbildung vor einem diffusen Hintergrund zu erkennen.

Verschiedene Untersuchungen haben sich mit den Gedächtnisleistungen von Kindern mit Körperbehinderungen befaßt (Neumann 1977). Insbesondere bei Kindern mit cerebralen Bewegungsstörungen konnten Veränderungen der Gedächtnisleistungen festgehalten werden. In Abhängigkeit vom Intelligenzniveau kann die Spanne der Merkfähigkeit verringert sein. Durch eingeschränkte Erfahrungsmöglichkeiten kann der Aufbau eines Merksystems verzögert sein.

Viele Untersuchungen haben sich mit der Intelligenz von Kindern mit Körperbehinderungen beschäftigt (Haupt 1974, Schmidt 1972, Neumann 1977). Besonders bei Kindern mit cerebralen Bewegungsstörungen konnten sie eine veränderte Intelligenzstruktur festhalten. Kennzeichnend sind folgende Verhaltensweisen: Kindern mit cerebralen Bewegungsstörungen fällt das Lösen abstrakter Probleme schwer, die Intelligenzstruktur von Kindern mit Körperbehinderungen wird durch einen Mangel an Erfahrungswissen gekennzeichnet, Kinder mit einer Körperbehinderung sind bei kognitiven Leistungsanforderungen leichter ablenkbar.

Die möglichen Besonderheiten des Lernverhaltens von Kindern mit cerebralen Bewegungsstörungen waren Gegenstand einer weiteren Untersuchung (Leyendecker 1982). Viele Kinder mit cerebralen Bewegungsstörungen brauchen mehr Zeit zum Lernen. Der Lernzuwachs ist oft erheblich verlangsamt, der Lernfortschritt ist unregelmäßig. Es zeigen sich Stillstände und kurzzeitige Rückschläge im Lernverlauf. Die Vermutung liegt nahe, daß bei diesen Kindern eine veränderte Informationsverarbeitung vorliegt. Die Aufmerksamkeitsspanne ist kaum beeinträchtigt. Für Kinder mit cerebralen Bewegungsstörungen ist es schwierig, das Gelernte zu speichern. Die Lernkapazität ist schnell erschöpft.

Die genannten Besonderheiten treten nicht generell bei Kindern mit Körperbehinderungen in Erscheinung. Die aufgezeigten Besonderheiten müssen als Hinweis genutzt werden, um im Bereich von Förderung und Unterricht individuelle Lernhilfen geben zu können.

Übungsaufgaben zu Kapitel 2

Sie haben verschiedene Behinderungsformen kennengelernt, überprüfen Sie nun Ihr notwendiges medizinisches Fachwissen.

Aufgabe 3

Nennen Sie jeweils ein Beispiel für eine Behinderungsform, die auf Schädigungen

a) des Gehirns,
b) des Rückenmarks zurückzuführen ist!

Aufgabe 4

Bei cerebralen Bewegungsstörungen werden folgende Formen unterschieden:

a) Spastik ☐
b) Athetose ☐
c) Ataxie ☐
d) Dystrophie ☐

Welcher Begriff steht hier falsch (Einfachauswahl)?

Aufgabe 5

Welche der folgenden Krankheiten ist nicht erblich?

a) Muskeldystrophie ☐
b) infantile Cerebralparese ☐

3. Frühförderung und Frühbehandlung bei Körperbehinderung

„Frühförderung" wird als Oberbegriff für ein ganzes Bündel von „Maßnahmen" verwendet, welches sich auf die ersten 6 Lebensjahre bezieht. In der Organisation des Bildungswesens wird die institutionelle Erziehung zwischen dem 3. und 6. Lebensjahr im Sonderkindergarten oder einer Regeleinrichtung als Elementarerziehung bezeichnet.

Frühförderung

Frühförderung ist auf die ganzheitliche Entwicklungsförderung von Behinderung bedrohter und behinderter Kinder ausgerichtet. Frühförderung beinhaltet die Beratung für Familien, das Erkennen von kindlichen Entwicklungsstörungen oder Entwicklungsverzögerungen und die heilpädagogische Förderung. Frühbehandlung bezieht sich auf die Behandlung durch medizinisch-therapeutisch ausgebildete Fachkräfte.

Grundlagen

Frühbehandlung und Frühförderung von Kindern mit Hirnschädigungen basiert im wesentlichen auf zwei Grundannahmen. In den ersten Lebensjahren wird dem kindlichen Gehirn Plastizität zugeschrieben, das heißt, es besitzt eine Kompensationsfähigkeit. Darüber hinaus wissen wir aus Ergebnissen der Deprivationsforschung (Pechstein 1974), daß Umweltreize die Entwicklung des Zentralnervensystems in einer frühkindlichen Phase entscheidend beeinflussen können.

Die Maxime der sechziger Jahre, „je früher, desto besser", hat eine Revision und Korrektur erfahren. Ergebnisse wissenschaftlicher Untersuchungen (Schlack 1997) gelten als Beleg dafür, daß Kinder mit Behinderungen sich hauptsächlich durch eigene Aktivität entwickeln. Sie sind „Akteure ihrer Entwicklung" (Kautter et al. 1988). Entwicklungsförderung kann nur auf die Förderung von Entwicklungsbedingungen ausgerichtet sein (Speck 1989). Der direkten Beeinflussung durch eine Übungsbehandlung sind Grenzen gesetzt. Die empirischen Befunde lassen die Bedeutung der Therapeutin als Interaktionspartnerin in den Mittelpunkt treten. Eine entscheidende Einflußgröße ist die Art der Vermittlung und der Interaktion (Schlack 1997).

Organisationsformen

Der Aufbau von Einrichtungen der Frühförderung vollzog sich auf der Basis der jeweils vorgegebenen Strukturen der Länder. In der ehemaligen DDR gab es konzeptionelle Ansätze einer „Früherziehung geschädigter Kinder" (Becker et al. 1978), die sich auf das dort ausgebaute System der Kinderkrippen bezogen. In der BRD wurde „Frühförderung" vom Deutschen Bildungsrat (1974a) als notwendig erachtet und hat sich in den letzten 25 Jahren in den einzelnen Bundesländern in unterschiedlicher Form etabliert. Grundsätzlich lassen sich zwei Organisationsformen unterscheiden (Speck/Warnke 1989): sozialpädiatrische Zentren als „medizinisch-therapeutisches System" und Frühförderstellen als „pädagogisches System". Im Rahmen der Früherkennung hat die medizinische und pädagogische Diagnostik eine hohe Bedeutung. Eine Meldepflicht für „Kinder mit Schädigungen", wie dies in der ehemaligen DDR der Fall war, existiert aus Gründen des Datenschutzes nicht.

Interdisziplinarität

Zwangsläufig erfordert Frühförderung Zusammenarbeit zwischen unterschiedlichen Fachdisziplinen: Medizin, Pädagogik, Psychologie und Sozialarbeit. Interdisziplinarität kann in Form eines offenen oder eines geschlossenen Systems praktiziert werden. Bei einem offenen System sind die Vertreter und Vertreterinnen der verschiedenen Fachdisziplinen in unterschiedlichen Einrichtungen beschäftigt. Ein geschlossenes System bildet sich, wenn alle Berufsgruppen in einer Einrichtung tätig sind. In der Literatur wird weder das eine noch das andere System favorisiert (Bölling/Bechinger 1998).

Interdisziplinarität kann durch „systemisches Denken" als gemeinsamer Grundgedanke der Berufsgruppen begünstigt werden. Der systemorientierte Ansatz hat in den letzten Jahren in der Frühförderung Einzug gehalten (Speck 1998). Nicht nur das Kind, sondern auch das System Familie wird gesehen. Das Kind ist Gestalter seiner Umwelt. Ihm werden Akzeptanz und Respekt vor dem eigenen Versuch der Problembewältigung entgegengebracht.

Zusammenarbeit mit den Eltern

Unseren Respekt verlangen auch die Hoffnungen der Eltern. Wir sollten uns vergegenwärtigen, daß wir aus der Sicht der professionellen Helferin agieren. Dieser Gedanke führt uns unmittelbar in die Praxis der Frühförderung. Alle Förderbemühungen müssen sowohl auf das Kind selbst als auch auf seine Bezugspersonen gerichtet sein. Für das eigene Selbstverständnis ist die Lektüre von Erlebnis- und Erfahrungsberichten der Betroffenen von hoher Bedeutung.

Folgende Bücher seien an dieser Stelle ausdrücklich empfohlen: Kallenbach (1994): Väter behinderter Kinder. Geschichten aus dem Alltag. Ebert (1987): Wer behindert wen? Eltern behinderter Kinder und Fachleute berichten.

Die Gestaltung des Miteinanders zwischen Eltern und professionellen Helfern wird in drei unterschiedliche Modelle gefaßt. **Modelle**

Das Laienmodell: Die Autorität des Experten wird betont. Die Eltern sind „Nicht-Fachleute" und von den Experten abhängig. Die Eltern erhalten Ratschläge für den Umgang mit ihrem Kind. Die Durchführung von Therapien ist Aufgabe der Experten.

Das Cotherapeutenmodell: Dieses Modell geht davon aus, daß die stundenweise Behandlung oder heilpädagogische Förderung für das Kind nicht ausreichend ist. Folglich werden die Eltern von den Experten angeleitet. Entsprechend dem Cotherapeutenmodell soll im Elternhaus immer wieder konsequent geübt werden. Eltern lassen sich von Fachleuten anleiten, wie sie mit ihrem eigenen Kind umzugehen haben. Sie erhalten Programme als „Hausaufgaben".

Das Kooperationsmodell: Aus einer zunehmenden Kritik am Cotherapeutenmodell heraus ist das Kooperationsmodell entstanden. Betont wird die partnerschaftliche Zusammenarbeit zwischen Fachleuten und Eltern. Beide Seiten bringen Fähigkeiten ein. Eltern werden an der Erstellung von Förderkonzepten beteiligt.

Nach welchen der genannten Modelle soll gearbeitet werden? Mit **Reflexion** Sicherheit hat sich Frühförderung nicht an einem idealtypischen Modell, sondern an den realen Gegebenheiten zu orientieren. Betrachten wir noch einmal das Laienmodell. Es kann für Eltern entlastend sein, wenn sie ihr Kind tagsüber im Kindergarten in professionelle Hände geben. Den Eltern darf jedoch die Kompetenz für den erzieherisch richtigen Umgang mit ihrem Kind alnicht abgesprochen werden. Fachliche Interventionen werden al-

leine nicht als ausreichend angesehen. Auf der Basis dieser Er-
kenntnis hat das Cotherapeutenmodell Eingang in die Frühförderung gefunden. Eltern werden als therapeutische Helfer angeleitet. Hierbei kann jedoch sehr schnell ein hoher Hand-
lungsdruck entstehen. Die hohe psychische Belastung wird auch
„als Therapeutisierung der Elternrolle" bezeichnet (Weiss 1989).
Als Konsequenz des aufgezeigten Konfliktes rückt das Kooperationsmodell immer häufiger in den Vordergrund.

Das Empowerment-Konzept: Ein neues Paradigma vertritt die Ansicht, daß die Autonomie der Eltern im sozialen System der Familie zu akzeptieren ist. Die Idee des Empowerment-Konzeptes
kommt aus der amerikanischen Sozialarbeit und bedeutet „Selbstermächtigung" (Theunissen 1998). Das Verhältnis zwischen Fachkräften und Eltern muß so gestaltet werden, daß der Familie die
Möglichkeit gegeben wird, ihr Leben selbst zu bestimmen. Frühförderung hat zunächst die Aufgabe zu lernen, wie Menschen ihre
Alltagsprobleme bereits bewältigen. Institutionelle Förderung begleitet Familien. Im weiteren ist sie darauf ausgerichtet, Formen
der Selbstbestimmung zu erweitern.

Besondere Therapien

Im Rahmen der Frühförderung sind verschiedene Therapien bedeutsam. Hier ist zu unterscheiden zwischen Therapieformen, die
eine breite Anerkennung erfahren haben, und Therapien, die
eher kritisch betrachtet werden. Kontrovers diskutiert wird der
Ansatz der *Konduktiven Förderung nach A. Petö* (Fink 1998) wegen
des fehlenden theoretischen Konzeptes. Im Sinne einer zusam-
menführenden Förderung übernehmen „Konduktorinnen" Aufgaben aus Physiotherapie, Ergotherapie und Logopädie. Die Ziel-
gruppe sind Kinder mit cerebralen Bewegungsstörungen.
   Auf den folgenden Seiten erhalten Sie einen Überblick über klassische und aktuelle Therapieformen. Bei Kindern mit Körperbehinderungen sind sehr häufig bewegungstherapeutische Behand-
lungsmethoden notwendig, um pathologische Bewegungsmuster
zu hemmen und normale Bewegungsentwicklung anzubahnen. Im
Mittelpunkt stehen meist die folgenden beiden Methoden:

Physiotherapie   **Das Bobath-Konzept:** Das Ehepaar Bobath entwickelte in den 60er
Jahren ein entwicklungsneurologisches Behandlungskonzept
(Bobath 1983). Zentrale Prinzipien sind Reflexhemmung (Inhibition) und Bewegungserleichterung (Fazilitation). Die Therapie orientiert sich an der normalen Bewegungsentwicklung und

setzt an bestimmten Schlüsselpunkten an: Kopf, Schulter, Hüfte. Durch reflexhemmende Stellungen wird der Muskeltonus normalisiert und Stell- und Gleichgewichtsreaktionen gebahnt. Das Konzept verfolgt die Absicht, dem Kind durch therapeutische Hilfe Selbständigkeit im Alltag zu ermöglichen.

Die Behandlungsmethode nach Vojta: Vojta publizierte seine Behandlungsmethode Ende der 60er Jahre (Vojta 1988). Die Methode bezieht sich auf das Auslösen grundlegender koordinierter Bewegungskomplexe (Reflexkriechen, Reflexumdrehen) durch Stimulation bestimmter Körperzonen. Durch die Reizung werden reflektorische Muskelkontraktionen erzeugt, die zu einer normalisierten Bewegungsentwicklung führen können.

Darüber hinaus kommen im Rahmen der Frühförderung folgende Therapieformen zur Anwendung:

Sensorische Integrationstherapie: Ayres (1984) beobachtete als Ergotherapeutin, daß viele Kinder mit Lernstörungen neben Schwierigkeiten beim Lesen und Schreiben auch eine mangelnde Körperkoordination besaßen. Die sensorische Integrationstherapie will helfen, die einströmenden Sinnesinformationen im Zentralnervensystem sinnvoll zu koordinieren, damit eine angemessene Reizantwort und Handlung möglich werden. Die Kinder sollen lernen, ihr Körperschema zu entwickeln. Der systematische Aufbau dieser Therapieform orientiert sich am kindlichen Entwicklungsverlauf. Zunächst soll direkt auf das Stammhirn mit taktiler (den Tastsinn betreffender) und vestibulärer (den Gleichgewichtssinn betreffender) Anregung eingewirkt werden. Im weiteren Verlauf wird die Verbesserung der Halte-, Stell- und Gleichgewichtsreaktionen angestrebt. Zur Therapie werden spezifische Fördergeräte zum Schaukeln, Drehen und Rollen eingesetzt.

Ergotherapie

Hippotherapie: Als Hippotherapie wird eine ärztlich verordnete physiotherapeutische Behandlungsmethode bezeichnet (Kaune 1993). Die gleichmäßige Bewegung des Pferdes im Schritt ergänzt oder ersetzt die klassische krankengymnastische Therapie. Sie kommt häufig bei Kindern mit cerebralen Bewegungsstörungen zum Einsatz. Die Bewegungen des Pferdes lösen eine reflektorische Bewegungsantwort aus. Es vollzieht sich ein sensomotorisches Training, bei dem eine Vielzahl von Bewegungsmustern geübt wird.

Psychomotorik: Dieser Ansatz läßt sich auf den Sportpädagogen Kiphard (1989) zurückführen, der in seiner Arbeit in der Kinder- und Jugendpsychiatrie eine Alternative zum herkömmlichen Sportunterricht suchte. Ein zentraler Gedanke ist der Zusammenhang zwischen Problemen in sozial-emotionalen Bereichen und dem Umgang mit dem eigenen Körper. Hervorgehoben wird die enge Verknüpfung zwischen Bewegung, Wahrnehmung und Persönlichkeit. Spielerische Elemente sollen ohne Leistungsdruck zu Bewegungserfahrung und Bewegungsförderung führen. Viel Raum bleibt für Material-, Körper- und Sozialerfahrungen. Bewegungsräume bieten in strukturierter Form die Möglichkeit zur Bewegung, zur Entspannung, zur Konzentration und zum Rückzug in geborgener Atmosphäre. Reizüberflutung soll vermieden werden, eine Verletzungsgefahr ist auszuschließen.

Einschulungsdiagnostik

Diagnose

Der Begriff „Diagnose" kommt aus dem Griechischen und bedeutet „Unterscheidung", „Entscheidung". Beim Übergang vom Kindergarten in die Schule durchläuft jedes Kind einen diagnostischen Prozeß. Bei einem Kind mit einer Körperbehinderung stellen sich folgende grundsätzliche Fragen:

– Hat das Kind einen sonderpädagogischen Förderbedarf?
– Welches ist der geeignete Förderort?

Legen wir ein traditionelles Verständnis von Diagnostik zugrunde, so besteht die Aufgabe der Einschulungsdiagnostik darin, ein Kind mit einer Körperbehinderung mit statistisch ermittelten Altersnormen in verschiedenen Entwicklungsbereichen zu vergleichen (Haupt 1996). Neuere Veröffentlichungen betonen eine „Kind-Umwelt-Diagnostik". Das Kind wird nicht mehr alleine, sondern in seinen familiären Bezügen gesehen. Im komplexen diagnostischen Prozeß sollte der Einsatz von klassischen Testverfahren keine dominante Rolle einnehmen. Weitere entscheidende Informationsquellen sind: gezielte Beobachtungen, biographische Gespräche mit den Eltern, Berichte von Fachkräften der abgebenden Einrichtung.

Mitte der 90er Jahre wurde das klassische Sonderschulaufnahmeverfahren in verschiedenen Bundesländern dahingehend geändert, daß eine integrative Beschulung per Gesetz möglich ist. Am Bundesland Nordrhein-Westfalen läßt sich die Gesetzesänderung beispielhaft nachvollziehen. Ergeben sich Hinweise, daß ein Kind eine sonderpädagogische Unterstützung benötigt, wird von der zuständigen Schulaufsicht ein Verfahren zur Feststellung des sonderpädagogischen Förderbedarfs (VOSF) (Der Kultusminister des Landes Nordrhein-Westfalen 1995) eingeleitet. Es wird ein medizinisches und ein pädagogisches Gutachten erstellt. Mit dem pädagogischen Gutachten werden eine Lehrkraft der Regelschule und eine Lehrkraft der Sonderschule beauftragt. Das

Gutachten wird den Erziehungsberechtigten zur Kenntnis gegeben. Die Schulaufsicht entscheidet über den geeigneten Förderort. Liegt bei einem Kind mit einer Körperbehinderung ein sonderpädagogischer Förderbedarf vor, so kann die Förderung entweder in der Sonderschule oder in der allgemeinen Schule gemeinsam mit Kindern ohne Behinderungen erfolgen.

Zwei Beispiele sollen Ihnen abschließend die Gutachtenpraxis veranschaulichen.

Beispiel 1: zur Zeit sonderpädagogischer Förderbedarf

Gutachten zur Feststellung des sonderpädagogischen Förderbedarfs

Personalien

Name: Vorname: *Paul*

geb. am: Untersuchungsalter: *7;4 Jahre*

Anlaß der Durchführung

Verfahren zur Feststellung des sonderpädagogischen Förderbedarfs

Behinderung

Diplegie, die frühkindlich erworben wurde (schulärztliches Gutachten)

Vorgeschichte

Das Verfahren zur Feststellung des sonderpädagogischen Förderbedarfs wurde zu Beginn des letzten Schuljahres erstmalig durchgeführt. Paul wurde für 1 Jahr vom Schulbesuch zurückgestellt, „um in der ihm bekannten Umgebung (des Kindergartens) emotional stabiler zu werden und seine emotionalen Fähigkeiten stärker entwickeln zu können" (Gutachten).

Auswahl der diagnostischen Verfahren

– Gespräch mit der Erzieherin (Bericht)
– Verhaltensbeobachtung
– Gespräch mit der Mutter
– Durchführung des ITK (Intelligenztest für Körperbehinderte (cerebralgeschädigte, nicht cerebralgeschädigte) und Nichtbehinderte zwischen 6;0 und 14;11 Jahren)

Ergebnisse

Gespräch mit der Erzieherin (Bericht)

Paul besucht seit anderthalb Jahren die Integrationsgruppe eines Förderungszentrums für körperbehinderte Kinder. Bezeichnend für Pauls Verhalten im sozial-emotionalen Bereich sind nach Aussagen der Erzieherin Kontakte zu jüngeren Kindern, im Umgang mit Gleichaltrigen und Erwachsenen entsteht dagegen der Eindruck, „daß Paul unter dem Druck steht, mehr leisten zu müssen, als er in der Lage ist" (Kindergartenbericht). Seine Konzentrationsfähigkeit wird mit fünfzehn bis zwanzig Minuten als sehr gering eingeschätzt. Kennzeichnend sei, daß er in Situationen, die für ihn beängstigend wirken, Redewendungen aus dem Bereich der Erwachsenensprache als „Ausweichmanöver" benutze. Insgesamt sei anzunehmen, daß Paul durch seine emotionale Unsicherheit und Instabilität in seinem Lernverhalten und in seiner Persönlichkeitsentwicklung gebremst werde (Kindergartenbericht). Deshalb wird von seiten der Kindergärtnerin eine psychologische Therapie für Paul als dringend notwendig angesehen.

In lebenspraktischen Bereichen (Toilettengang, Waschen, An- und Ausziehen von Jacke und Schuhen) benötigt Paul keine fremde Hilfestellung. Paul erhält zweimal wöchentlich Krankengymnastik und zweimal wöchentlich Beschäftigungstherapie im Kindergarten.

Gespräch mit der Mutter

Zu Beginn des letzten Schuljahres wünschte die Mutter eine integrative Beschulung im Wohngebiet, damit Paul auch am Nachmittag Kontakte zu anderen Kindern pflegen könne. Für die bevorstehende Einschulung bevorzugt sie nun eher die Schule für Körperbehinderte als geeignete Schulform, „da Paul aufgrund seiner Konzentrationsstörungen in einer normalen Regelschule wohl untergehen würde".

Durchführung des ITK, Auswertung und Interpretation

Durchgeführt wurde die sprachfreie Form mit sechs nicht verbalen Untertests, da Paul noch nicht lesen kann. Die Basisform prüft überwiegend anschauungsgebundenes, kognitives Denken sowie die Gedächtniskomponente „Wiedererkennen" (Merkfähigkeit) und Aspekte des anschauungsgebundenen konvergenten Denkens in Form des Bewertens und Beurteilens. Die Testdurchführung fand an einem Vormittag statt mit einer fünfzehnminütigen Unterbrechung. Paul war zunächst in der Lage, sich fünfzehn Minuten lang zu konzentrieren, und nach einer kurzen Unterbrechung konnte er noch einmal fünfundvierzig Minuten lang mitarbeiten. Auffällig war, daß er zunächst versuchte zu flüchten und generell bei jeder Aufgabe auf eine positive Verstärkung wartete. Diese eigenen Beobachtungen während der Testdurchführung bestätigen die Aussagen der Kindergärtnerin zur emotionalen Befindlichkeit von Paul. Im Vergleich zu gleichaltrigen (7jährigen) cerebralbewegungsgestörten Kindern liegt Pauls Gesamtleistungsniveau signifikant unter dem Durchschnitt (T=44, Protokollbogen). Bezogen auf die Leistungsfähigkeit aller gleichaltrigen Körperbehinderten (ohne Berücksichtigung der Art der Behinderung) zeigt sich ebenfalls ein unterdurchschnittliches Leistungsniveau (T=42). Zieht man zum Vergleich die Normtabellen für nichtbehinderte Schüler heran, so liegt das Leistungsniveau (T=23) deutlich im Bereich der Lernbehinderung.

Das individuelle Leistungsprofil gibt einen negativ abweichenden T-Wert (Mittelwert, 35) für den Untertest Matritzen (MAT), welcher auf die Erfassung, Zergliederung und Synthese sinnfreier Ganzheiten ausgerichtet ist. Dabei sind Gesetzmäßigkeiten induktiv zu erschließen und zu erkennen. Die Fähigkeiten zum Vergleichen und Unterscheiden sowie die Entwicklung von Analogieschlüssen werden in besonderem Maße angesprochen. Eine persönliche Leistungsspitze zeigt Paul in den Untertests Figuren-Analogien (FA) und Bilder-Analogien (BA) (T=62). Beide Untertests erfordern schlußfolgerndes Denken mit bildlichem und figürlichem Material. Der Test prüft die Fähigkeit des Abstrahierens und des Kombinierens mit anschaulichem Material.

Sonderpädagogischer Förderbedarf und notwendige Rahmenbedingungen

Die Ergebnisse weisen darauf hin, daß bei Paul von einer Lernbehinderung auszugehen ist. Für Besonderheiten seines Lernverhaltens scheinen nicht zuletzt Störungen im Bereich der Leistungsmotivation verantwortlich zu sein. Die Schaffung einer angstfreien, nicht überfordernden Lernatmosphäre, die Setzung positiver Verstärker, die Bewältigung von Leistungsanforderungen sind zentral für die Entwicklung der Leistungsmotivation. Paul benötigt die überschaubare Struktur einer kleinen Lerngruppe. Des weiteren werden Physiotherapie und Ergotherapie für notwendig erachtet.

Stellungnahme der Grundschule

Paul soll nach dem Wunsch seiner Mutter die Schule für Körperbehinderte besuchen. Die Grundschulklasse besteht aus 25 Kindern. Einzelförderung ist nicht leistbar. Es fehlt speziell ausgebildetes Lehrpersonal. Das Schulgebäude ist nicht behindertengerecht und verfügt über keinen Aufzug.

Ergebnis des Gesprächs mit den Erziehungsberechtigten

Frau A. wünscht im Einvernehmen mit Kindergarten, Grundschule und Schulärztin die Aufnahme ihres Sohnes Paul in die Schule für Körperbehinderte.

Gutachten zur Feststellung des sonderpädagogischen Förderbedarfs

Personalien

Name: Vorname: *Petra*
geb. am: Untersuchungsalter: *7;00 Jahre*

Anlaß der Durchführung

Verfahren zur Feststellung des sonderpädagogischen Förderbedarfs

Behinderung

*Arthrogryposis Multiplex (angeborene Gelenkversteifungen)
(schulärztliches Gutachten)*

Vorgeschichte

„Wegen der bevorstehenden Operationen mit langem Krankenhausaufenthalt" wurde Petra zunächst für 1 Jahr vom Schulbesuch zurückgestellt. Ausführliche anamnestische Angaben hierzu sind dem sonderpädagogischen Gutachten des letzten Jahres zu entnehmen.

Auswahl der diagnostischen Verfahren

– Gespräch mit der Mutter
– Gespräch mit der Erzieherin (Bericht)
– Durchführung des ITK

Ergebnisse

Gespräch mit der Mutter, Frau B.

Petra kann mit Hilfe eines Gehapparates am Rollator selbständig laufen und sich in einem Rollstuhl selbständig fortbewegen. Sie kann frei sitzen, aber nicht stehen. Die Mutter berichtet, daß Petra selbständig zur Toilette gehen kann. Sie nähe ihr extra Hosen mit Gummizug, da sie beim Öffnen und Schließen von Knöpfen und Reißverschlüssen oft nicht die nötige Kraft habe und dies ihre Selbständigkeit einschränken würde.

Zur Wahl des geeigneten Förderortes

Frau B. berichtet, daß ihre Tochter seit September letzten Jahres die integrative Gruppe des Kindergartens besuche, um sie auf die Beschulung in einer integrativen Klasse vorzubereiten. Sie möchte, daß ihre Tochter die wohnortnahe Grundschule besucht und berichtet von dem hohen Engagement der Schulleiterin, die bereit ist, sie in ihre Klasse aufzunehmen. Des weiteren seien in der Grundschule günstige Bedingungen vorhanden, da die Klassenstärke sehr gering sei, die Klasse ebenerdig liege und geräumige Sanitäranlagen vorhanden seien.

Frau B. zieht diese wohnortnahe Form der Beschulung in einer integrativen Regelschule vor, da sie kein Auto besitzt, um ihre Tochter zu einer entfernter liegenden Integrationsschule zu transportieren.

Gespräch mit der Erzieherin (Bericht)

Nach Aussagen der Erzieherin benötigt Petra sehr viel Hilfestellung im grob- und feinmotorischen Bereich. Entscheidend für das Ausmaß der Hilfestellung sei ihre rasch nachlassende Kraft. Mit der linken Hand könne sie aber selbständig Perlen auffädeln, schneiden und mit Filzstiften malen. Petra wachse zweisprachig auf, ihr Wortschatz wird als gut angegeben. Manchmal sei es für sie jedoch sehr schwer, die richtigen Worte zu finden. Ausdauer und Konzentrationsfähigkeit seien sehr hoch. Petra erhält zweimal in der Woche im Kindergarten Physiotherapie und Ergotherapie.

Durchführung des ITK, Auswertung und Interpretation

Durchgeführt wurde die sprachfreie Basisform mit sechs nichtverbalen Untertests, da Petra noch nicht sinnerfassend Lesen kann. Die Basisform prüft überwiegend anschauungsgebundenes, kognitives Denken sowie die Gedächtniskomponente „Wiedererkennen" (Merkfähigkeit) und Aspekte des anschauungsgebundenen konvergenten Denkens in Form des

Bewertens und Beurteilens. Petra zeigt im Vergleich zu gleichaltrigen (7jährigen) körperbehinderten Kindern ohne Hirnschädigung ein durchschnittliches Leistungsniveau (T=54, Protokollbogen). Bezogen auf die Leistungsfähigkeit aller gleichaltrigen Körperbehinderten (ohne Berücksichtigung der Art der Behinderung), liegt ihr Gesamtleistungsniveau sogar leicht über dem Durchschnitt (T=58). Zieht man zum Vergleich die Normtabellen für nichtbehinderte Schüler heran, so zeigt der T-Gesamtwert 45 an, daß Petras allgemeine Intelligenz-Leistungsfähigkeit noch innerhalb des durchschnittlichen Niveaus gleichaltriger nichtbehinderter Kinder liegt.

Das individuelle Leistungsprofil gibt einen positiv abweichenden T-Wert (67) für den Untertest Figuren-Erkennen (FE) an, welcher die Komponente der Merkfähigkeit und das visuelle Wiedererkennen erfaßt. Ein negativ abweichender T-Wert (40) zeigt sich dagegen für den Untertest Bilderreihen (BR). Dieser Test prüft die Fähigkeit zur Erfassung von Gesamtsituationen und stellt Anforderungen an die Fähigkeit, verschiedene Teilaspekte eines Ganzen sinnvoll miteinander zu kombinieren und in Beziehung setzen zu können.

Sonderpädagogischer Förderbedarf und notwendige Rahmenbedingungen

Die Testergebnisse weisen darauf hin, daß Petras intellektuelle Leistungsfähigkeit, bezogen auf die Gruppe der gleichaltrigen Nichtbehinderten, noch im Normbereich liegt. In verschiedenen lebenspraktischen Bereichen ist sie nahezu selbständig (Toilettengang). Im Verlauf des letzten Jahres, in dem sie im Kindergarten in einer integrativen Gruppe auf eine mögliche Regelbeschulung vorbereitet wurde, hat sie gelernt, sich in Konfliktsituationen durchzusetzen und um notwendige Hilfestellungen zu bitten. Sie verfügt über ein hohes Maß an Konzentrationsfähigkeit und Ausdauer.

Trotz einer deutlichen Körperbehinderung liegt zur Zeit kein sonderpädagogischer Förderbedarf vor. Petra bedarf weder zur Entfaltung ihrer kognitiven noch ihrer motorischen Möglichkeiten einer differenzierten umfangreichen und spezifisch sonderpädagogischen Förderung.

Stellungnahme der Grundschule

Petra soll nach dem Wunsch ihrer Mutter die wohnortnahe Regelschule besuchen. Die Grundschulklasse besteht nur aus 18 Kindern. Das Schulgebäude ist rollstuhlgerecht, verfügt über einen Aufzug und entsprechend ausgerichtete Sanitäranlagen. Im Kollegium besteht eine große Bereitschaft, Petra aufzunehmen.

Ergebnis des Gesprächs mit den Erziehungsberechtigten

Frau B. wünscht im Einvernehmen mit Kindergarten, Grundschule und Schulärztin die Aufnahme ihrer Tochter Petra in die Grundschule.

Übungsaufgaben zu Kapitel 3

Aufgabe 6   Nennen Sie die beiden neurophysiologischen Hauptargumente für die Durchführung von Frühfördermaßnahmen!

Aufgabe 7   Beschreiben Sie Formen der Zusammenarbeit mit den Eltern!

Aufgabe 8   Skizzieren Sie zwei relevante Physiotherapien!

4. Schulische Förderung bei Körperbehinderung

Die Schule für Körperbehinderte wird von Kindern und Jugend- Schülerschaft
lichen besucht, deren Bewegungsfähigkeit durch eine Schädigung
des Stütz- und Bewegungsapparates oder durch eine organische
Schädigung dauerhaft oder über einen längeren Zeitraum eingeschränkt ist (Staatsinstitut für Schulpädagogik und Bildungsforschung 1993, 9). Für Deutschland gilt, daß etwa 0,5 % aller Kinder aufgrund ihrer Körperbehinderung einer sonderpädagogischen Förderung bedürfen. Eine Körperbehinderung trifft zu 60 %
Jungen und zu 40 % Mädchen (Stadler 1995). Durch die Körperbehinderung verlaufen Entwicklungsprozesse häufig unter
erschwerten Bedingungen. Die Abhängigkeit von medizinischer
Versorgung und die erhöhte soziale Abhängigkeit von der Mitwelt können die Persönlichkeitsentwicklung beeinflussen. Zur
Schülerschaft der Schule für Körperbehinderte gehören sowohl
Kinder und Jugendliche, deren Bewegungsbeeinträchtigung nicht
gravierend ins Auge fällt, als auch Kinder und Jugendliche, deren Bewegungsbeeinträchtigung so massiv ausfällt, daß sie zu keiner größeren eigenständigen Bewegung in der Lage sind. Kinder
und Jugendliche mit schwersten Behinderungen können sich oft
selbst nicht sprachlich äußern. Nur ein sehr geringer Teil der gegenwärtigen Schülerschaft einer Schule für Körperbehinderte ist
in der Lage, Kulturtechniken im herkömmlichen Sinne zu erlernen. Der Anteil von Kindern mit schwersten Behinderungen an
den Schulen für Körperbehinderte in Deutschland liegt gegenwärtig bei 20 % (Wehr-Herbst 1997).

In Kapitel 2 haben Sie ganz unterschiedliche Behinderungs- Schulischer Auftrag
bilder kennengelernt. Aufgabe der Schule für Körperbehinder-
te ist es, für diese Kinder und Jugendlichen ein individuelles Bil-
dungs- und Erziehungsangebot bereitzuhalten. Im Zentrum steht
der Auftrag, dem Kind mit einer Körperbehinderung in seiner
Gesamtpersönlichkeit gerecht zu werden. Dies gelingt durch ein
Beziehungsgeflecht von Unterricht, Erziehung, Förderung und
Therapie.

Entwicklung des Sonderschulwesens

Wenn wir noch einmal zurückschauen, so war die Gründung von Sonderschulen in den 50er und 60er Jahren ein notwendiger Meilenstein, um das Bildungsrecht für Menschen mit einer Behinderung durchzusetzen. Das Recht auf Bildung wurde in Deutschland zuerst im Körperbehindertenfürsorgegesetz von 1957 und dann erneut im Bundessozialhilfegesetz von 1962 festgeschrieben. Wegweisend waren sowohl das „Gutachten zur Ordnung des Sonderschulwesens" aus dem Jahr 1960 (Kultusministerkonferenz 1960) als auch das spezielle „Gutachten zur schulischen Situation Körperbehinderter" 1974 von Schönberger (Deutscher Bildungsrat 1974b). Die Empfehlungen zur Ordnung des Sonderschulwesens, die die Ständige Konferenz der Kultusminister der Länder in der Bundesrepublik Deutschland 1972 verabschiedete (Kultusministerkonferenz 1972), waren mehr als 20 Jahre bestimmend für das Sonderschulwesen in den alten Bundesländern.

Schultypen

Schule für
Blinde,
Gehörlose,
Geistigbehinderte,
Körperbehinderte,
Kranke,
Lernbehinderte,
Schwerhörige,
Sehbehinderte,
Sprachbehinderte
und
Verhaltensgestörte

Hier heißt es: Die Schule für Körperbehinderte „nimmt Kinder und Jugendliche auf, die in Folge ihrer körperlichen Behinderung oder der daraus folgenden psychischen Belastung am Unterricht der Allgemeinen Schule nicht teilnehmen können" (Kultusministerkonferenz 1972, 28). Wenn wir die Schulorganisation betrachten, so bildet die Sonderschule eine Schulart neben Grundschule, Hauptschule, Realschule, Gymnasium und Berufsbildenden Schulen. Die Schulart Sonderschule wird in 10 Sonderschultypen unterteilt.

Die Bezeichnungen der Schulen variieren in den Bundesländern, z. B. heißen die Schulen für geistigbehinderte Schüler: Schulen für praktisch Bildbare. Auch in der ehemaligen DDR wurde in verschiedene Sonderschultypen differenziert (Berndt 1986).

Schon Anfang der 70er Jahre sprach sich der Deutsche Bildungsrat in seinem Gutachten „Zur pädagogischen Förderung Behinderter und von Behinderung bedrohter Kinder und Jugendlicher" für eine gemeinsame Erziehung und Unterrichtung behinderter und nichtbehinderter Kinder aus (1974a). In den folgenden 20 Jahren wurden diese Empfehlungen in der Unterrichtspraxis jedoch nicht umgesetzt. Letztendlich waren es die Eltern von Kindern mit Behinderungen, die durch ihre massive Forderung nach Integration eine gemeinsame Erziehung mehr und mehr durchsetzten.

Nach einer langen Phase von Schulversuchen im Bereich der Integration sprach sich die Kultusministerkonferenz 1994 in ihren „Empfehlungen zur sonderpädagogischen Förderung in Schulen" offen für Integration aus. In verschiedenen Bundesländern wurden daraufhin Schulgesetze geändert, um Gemeinsamen Unterricht (GU) zu ermöglichen. Zwangsläufig mußte auch das Aufnahmeverfahren in Sonderschulen neu geregelt werden. So ging das Bundesland Nordrhein-Westfalen (NRW) in seinem Sonderschulaufnahmeverfahren mehr als 20 Jahre lang von der „primären Behinderung" aus, um ein Kind einem bestimmten Sonderschultyp zuzuordnen (Der Kultusminister von Nordrhein-Westfalen 1973). Die Schule, welche das Kind voraussichtlich aufnahm, leitete das Verfahren. 1995 zeigt die „Verordnung über die Feststellung des sonderpädagogischen Förderbedarfs und die Entscheidung über den schulischen Förderort" dann eine geänderte Rechtslage (Der Kultusminister von Nordrhein-Westfalen 1995) (Kapitel 3, Einschulungsdiagnostik)).

Organisation der Schule für Körperbehinderte

Die Schule für Körperbehinderte ist eine Ganztagsschule mit einem Einzugsbereich von etwa 50 Kilometern. Ihr können Internate und Heime angegliedert sein. Kinder und Jugendliche, die aufgrund von Krankheit nicht am Unterricht teilnehmen können, erhalten Hausunterricht oder Unterricht im Krankenhaus.

Die Schule für Körperbehinderte hat einen historischen Wandel erlebt. Integration in Regelschulen und Aufnahme von Kindern und Jugendlichen mit schwersten Behinderungen in die Schule für Körperbehinderte führten in den 80er und 90er Jahren zu einer deutlichen Veränderung der Schülerschaft der Schule für Körperbehinderte (Hedderich 1991). Die Schule für Körperbehinderte läuft an manchen Orten Gefahr, eine Schule für „Schwerstbehinderte" zu werden (Kapitel 5). **Veränderte Schülerschaft**

Generell ist es die Aufgabe der Schule für Körperbehinderte, für eine heterogene Schülerschaft differenzierte Bildungsabschlüsse bereitzuhalten. Das Bildungsangebot reicht bis zum Realschulabschluß und zur Allgemeinen Hochschulreife. Abb. 7 zeigt Ihnen den Aufbau der Schule für Körperbehinderte.

In der Schule für Körperbehinderte steht der Mensch mit einer Körperbehinderung im Mittelpunkt eines differenzierten Unterrichts-, Erziehungs- und Therapiekonzeptes. Physiotherapie, Ergotherapie, Sprachtherapie, Einzel- und Gruppenförderung müssen gewährleistet sein. Entsprechend der Lernvoraussetzungen wird nach den Richtlinien und Lehrplänen folgender Schultypen unterrichtet: Grundschule, Hauptschule, Schule für Lernbehinderte, für Geistigbehinderte, Richtlinien für Schwerstbehinderte. Ein eigener Lehrplan für die Schule für Körperbehinderte existiert nicht. Eine Orientierung geben aber die Emp-

Abb. 7:
Aufbau der Schule
für Körperbehinderte

fehlungen der Kultusministerkonferenz (1998) zum Förderschwerpunkt „körperliche und motorische Entwicklung".

Aus der Körperbehinderung selbst ergibt sich nicht zwangsläufig eine Sonderschulbedürftigkeit bzw. ein sonderpädagogischer Förderbedarf. Ein sonderpädagogischer Förderbedarf kann bei Kindern mit einer Körperbehinderung in den in Abb. 8 aufgezeigten Bereichen vorliegen, d. h. praktisch in allen zentralen Entwicklungsbereichen.

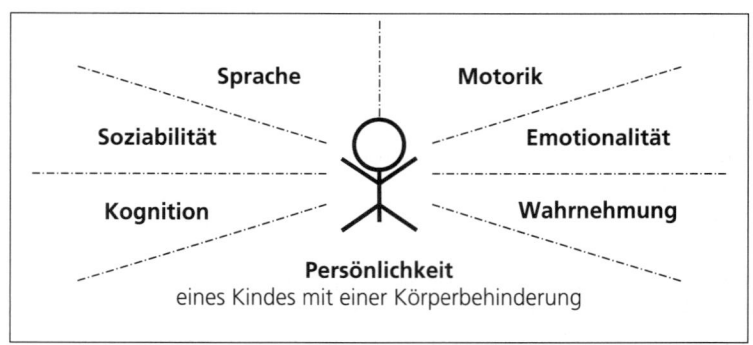

Abb. 8:
Förderbedarf

Möglicher Förderbedarf in verschiedenen Entwicklungsbereichen:

Bewegung: Störungen der grob- und feinmotorischen Koordination, Störungen des Sprechens

Wahrnehmung: Seh- und Hörstörungen, Wahrnehmungsstörungen im visuellen, auditiven und taktilen Bereich, Störungen der Raumorientierung und der Raumwahrnehmung, Störungen der Figur-Grund-Wahrnehmung, Störungen der Reizverarbeitung

Sprache: Störungen des Sprachverständnisses und der Sprachentwicklung

Kognitive Entwicklung: Ausbildung von Intelligenzstrukturen, die sich durch fehlende oder andersartige Erfahrungen und Verarbeitungsweisen auf Grund von Bewegungs- und Wahrnehmungsproblemen von denen nichtbehinderter Kinder unterscheiden, verlangsamte Denkabläufe, Störungen im Kurz- und Langzeitgedächtnis, Lernbehinderung, geistige Behinderung

Emotional-soziale Entwicklung: Störungen in der Entwicklung eines positiven Selbstkonzeptes, Verhaltensstörungen, Beziehungsstörungen (Haupt 1983, 140).

Auf der Grundlage des möglichen Förderbedarfes lassen sich zentrale Förderschwerpunkte nennen:

Bewegung: Körperkoordination, Körperwahrnehmung, Auge-Hand-Koordination

Kognitive Entwicklung: Begriffsbildung, Symbolverständnis, Strukturierungsfähigkeit, Aufmerksamkeit, Arbeitsverhalten

Wahrnehmung: Körper- und Sinneswahrnehmung, räumliche und zeitliche Orientierung

Emotionalsoziale Entwicklung: Beziehungs- und Kooperationsfähigkeit, Selbstwertgefühl

Sprache: Ausdrucks- und Kommunikationsfähigkeit

Förderschwerpunkte

Das Selbstverständnis der Schule für Körperbehinderte erwächst aus dem Auftrag, dem Kind mit einer Körperbehinderung in seinem individuellen und komplexen Förderbedarf gerecht zu werden. Die Lernvoraussetzungen von Kindern mit einer Körperbehinderung sind höchst unterschiedlich. Entwicklungsverläufe sind häufig schwer einschätzbar und vorhersehbar. Aus diesem Grund müssen Organisationsformen flexibel sein.

In den ersten drei Schuljahren stehen im Mittelpunkt: Aneignung lebenspraktischer Fertigkeiten, Einüben von sozial-kommunikativen Handlungskonzepten, Erfüllung des Förderbedarfs im Bereich der Motorik, Erlernen der Kulturtechniken. In den folgenden Jahren steht entsprechend der individuellen Fähigkeiten neben der Wissensvermittlung auch die Erziehung zur Lebensbewältigung im Mittelpunkt. Bei entsprechender Eignung kann ein Wechsel zur Realschule oder zum Gymnasium erfolgen. In den letzten Jahrgängen und in der Werkstufe wird die Förderung auf die zukünftigen Möglichkeiten der Lebensbewältigung körperbehinderter Jugendlicher ausgerichtet (Staatsinstitut für Schulpädagogik und Bildungsforschung 1993).

Förderzentrum
Ein künftiges Organisationsmodell wird auch das Sonderpädagogische Förderzentrum für Körperbehinderte sein. Welcher Unterschied besteht nun zwischen einem Förderzentrum und der bisherigen Schule für Körperbehinderte? Grundsätzlich sind Sonderpädagogische Förderzentren Sonderschulen, die auch an der pädagogischen Förderung behinderter Kinder und Jugendlicher in Regelklassen von Allgemeinen Schulen beteiligt sind. Ein Sonderpädagogisches Förderzentrum ist also mehr als eine Sonderschule. In den Schulgesetzen verschiedener Bundesländer wird das Förderzentrum als eine für die sonderpädagogische Förderung zuständige Institution angeführt (Stoellger 1997).

Das Sonderpädagogische Förderzentrum erfüllt folgende Aufgaben: Diagnostik, Beratung, Förderung und Therapie. Ziel und Aufgabe ist es, die im Einzelfall erforderliche sonderpädagogische Hilfe und Förderung anzubieten und zu gestalten. Der sonderpädagogische Förderbedarf kann in der Allgemeinen Schule durch eine Ambulanzlehrerin mit sonderpädagogischer Kompetenz abgedeckt werden (Hedderich 1993a).

Didaktik

Didaktik

Das Wort Didaktik (griech.= „Lehrkunst") bedeutet Lehren und Unterrichten. Didaktik ist die Wissenschaft des Lehrens und Lernens. Im Zentrum der Didaktik stehen Fragen der Unterrichtsplanung.

Unterschiedliche didaktische Positionen

Hahn (1971) spricht sich für die Durchführung besonderer didaktisch-methodischer Maßnahmen in der Schule für Körperbehinderte aus. Seiner Ansicht nach bestehen wesentliche Unterschiede zur Regelschuldidaktik. Im Unterricht der Schule für Körperbehinderte müssen sowohl medizinisch-therapeutische als auch lernpsychologische Gesichtspunkte berücksichtigt werden.

Wolfgart (1976) bezieht sich auf die bildungstheoretische Konzeption der Allgemeinen Didaktik. Bei der bildungstheoretischen Didaktik wird der Begriff „Bildung" als zentrale Kategorie angesehen. Bildung wird durch die Begegnung mit bestimmten Inhalten vermittelt. Kindern mit einer Körperbehinderung können Bildungsinhalte nicht in der gleichen Form vermittelt werden, wie dies bei nichtbehinderten Kindern der Fall ist. Auf dieser Grundlage fordert Wolfgart eine spezielle Didaktik für Körperbehinderte. Von besonderer Bedeutung ist das Prinzip des „Therapie-immanenten Unterrichts". Die notwendigen Therapien (Krankengymnastik, Beschäftigungstherapie, Sprachheiltherapie) sollen „unterrichts-immanent" zum Tragen kommen. Darüber hinaus verweist Wolfgart auf bestimmte methodische Prinzipien (Individualisierung und Differenzierung, Selbsttätigkeit und abnehmende Hilfe, Anschauung, Lebensnähe, kleine Schritte), die für die Gestaltung des Unterrichts mit Körperbehinderten notwendig sind. Die genannten Prinzipien der Unterrichts- und Erziehungsarbeit wurden von Kunert (1975) mit den psychischen Besonderheiten des körperbehinderten Kindes begründet. Bläsig (1967) verweist auf den engen Zusammenhang zwischen Pädagogik der Körperbehinderten und Allgemeiner Pädagogik. Jetter (1979) legt Elemente einer handlungsorientierten Didaktik vor. Jetter kritisiert didaktische Ausrichtungen, die lediglich aus der Anwendung bestimmter Unterrichtsprinzipien bestehen. Für Jetter selbst sind Handlung und Handlungsveränderung zentrale Kategorien. Die Bewegungsbeeinträchtigung bewirkt Handlungsveränderungen. Die Hauptaufgabe der Körperbehindertenschule besteht darin, Kindern mit einer Körperbehinderung Handlungsfähigkeit in angemessener Art und Weise zu vermitteln. Schönberger (1983) sieht in der Körperbehindertenpädagogik didaktische Defizite. Von Schönberger selbst wurde eine Konzeption der „kooperativen Didaktik" entwickelt. Er beschreibt in einem Flußdiagramm folgende Unterrichtsphasen: Zielfindung, Konzeptplanung, Konzeptprüfung, Konzeptanpassung, Konzeptverwirklichung (73). In allen Phasen ist das kooperative Element entscheidend. Lehrerin und Schüler sind gleichberechtigt. Die Lehrerin wird als Lernhelferin angesehen. Der Unterricht wird nach Möglichkeit arbeitsteilig organisiert, Projekte werden empfohlen. Entscheidungen sind revidierbar.

Vermittlung von Handlungsfähigkeit

Ein didaktisches Konzept der Rehabilitationspädagogik für Körperbehinderte aus der ehemaligen DDR beschreibt Berndt (1986). Das Menschenbild der Rehabilitationspädagogik war dialektisch-materialistisch geprägt und bezog sich auf Erkenntnisse der sowjetischen Psychologen Wygotski, Leontjew, Luria und Galperin. Der menschlichen Tätigkeit wurde für die Persönlichkeitsentwicklung eine hohe Bedeutung zugeschrieben. Bei Menschen mit einer Körperbehinderung wird das konkrete Handeln durch motorische Beeinträchtigungen behindert. Als „schädigungsbezogene methodische Prinzipien" werden genannt: Aktivierung funktioneller Reserven, Kompensation von Bewegungsbehinderungen, Eliminierung nachteiliger Auswirkungen einer Bewegungsbehinderung bei der Lerntätigkeit. Berndt weist der Aktivität und der Verselbständigung des körperbehinderten Kindes und Jugendlichen eine hohe Bedeutung zu.

Alle genannten Konzeptionen reflektieren den Unterricht an einer Schule für Körperbehinderte von unterschiedlichen Standpunkten aus. Die Schule für Körperbehinderte in ihrer Organisation und Struktur wird aber nicht in Frage gestellt.

Unterrichtsplanung

Wenn Sie sich in einem der ersten Semester in einem Lehramtsstudium befinden, stellt sich die Frage: Welche Einflußfaktoren werden Ihr unterrichtspraktisches Handeln in Ihrem späteren Beruf bestimmen?

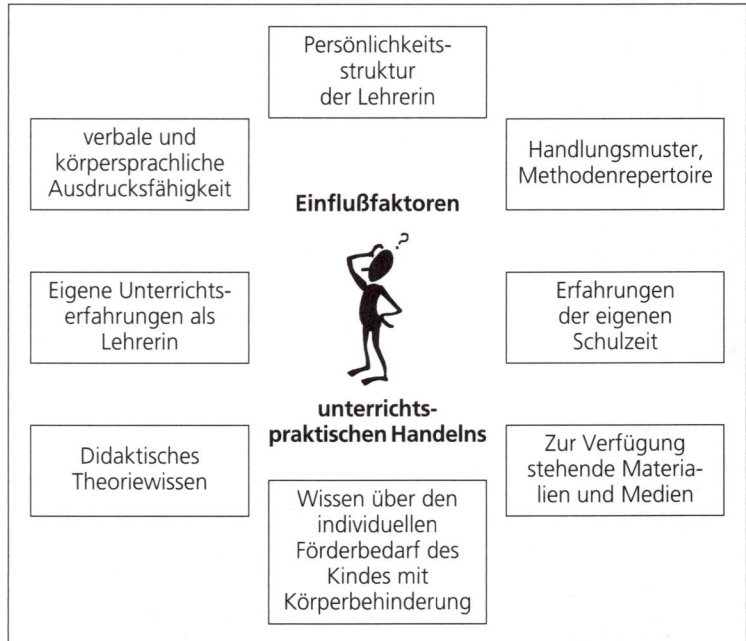

Abb. 9:
Einflußfaktoren unterrichtspraktischen Handelns (in Anlehnung an Jank/Meyer 1991, 45)

Lieber Leser und liebe Leserin, wenn Sie möchten, so nähern Sie sich dem Thema durch eine Selbsterfahrungsübung: Wie haben Sie Ihre eigene Schulzeit erlebt? Welcher Unterricht war für Sie interessant? Halten Sie Ihre Erinnerungen fest, für das Verständnis über Unterrichtsplanung wird es hilfreich sein, am Ende des Kapitels werden wir darauf zurückkommen.

Übung

Wie gesagt, es gibt unterschiedliche didaktische Ansätze. Bei der Unterrichtsplanung werden Sie zunächst auf Elemente der Allgemeinen Didaktik zurückgreifen. Wenn Sie an dieser Stelle Ihr Wissen zunächst vertiefen möchten, empfiehlt sich folgende Literatur: Gudjons/Teske (1993): Didaktische Theorien. Peterßen (1992): Handbuch Unterrichtsplanung: Grundfragen, Modelle, Stufen, Dimensionen.

In der Körperbehindertenpädagogik gibt es kein verbindliches didaktisches Modell. Didaktische Ausrichtungen, die dem Kind Handlungsmöglichkeiten geben, sind mit Sicherheit als förderlich anzusehen. Bei *handlungsorientierten Didaktiken* ist zwischen zwei Entwicklungslinien zu unterscheiden:

Handlungs-orientierung

Handelnder Unterricht beruft sich auf sowjetische Psychologen der 60er und 70er Jahre (Leontjew, Wygotski, Galperin). Nach Leontjew (1964) vollziehen sich gelungene Lernprozesse in drei aufeinanderfolgenden Lernschritten:

1. Wahrnehmung mit allen Sinnen (Erfahrungen),
2. sprachliche Begleitung (Aneignung),
3. gedankliches Arbeiten (Abstrahierung).

Handlungsorientierter Unterricht i. e. S. bezieht sich auf die Reformpädagogik am Anfang dieses Jahrhunderts. Handlungsorientierter Unterricht ist ganzheitlich (Gudjons 1989). Lehrerinnen und Schüler bestimmen den Unterrichtsprozeß gemeinsam. Sie gelangen zu vereinbarten Handlungsprodukten. Kopf- und Handarbeit werden hierbei in ein ausgewogenes Verhältnis zueinander gebracht. Merkmale handlungsorientierten Unterrichts sind:

– berücksichtigt subjektive Interessen der Schüler,
– beteiligt Schüler von Anfang an an der Planung, Durchführung und Auswertung des Unterrichtsverlaufes,
– versucht, Kopf- und Handlungsarbeit in ein ausgewogenes Verhältnis zu bringen.

Wenn wir davon ausgehen, daß jedes Kind mit einer Körperbehinderung einen individuellen Förderbedarf hat, so folgt daraus ein hohes Maß an Individualisierung. Hierzu bietet ein weiterer Ansatz der Reformpädagogik eine sinnvolle Orientierung: die Montessori-Pädagogik. Montessori (1978) geht in ihrem anthro-

Montessori-Pädagogik

pologischen Ansatz davon aus, daß sich jedes Kind nach einem individuellen Entwicklungsplan entfaltet. Das Kind steht als Subjekt im Zentrum der Pädagogik. Die Lehrperson dagegen tritt in den Hintergrund und nimmt eine unterstützende Rolle ein. Ziel ist es, den individuellen Entwicklungsprozeß durch eine vorbereitete und strukturierte „Materialumgebung" zu fördern. Die Beschäftigung mit den Materialien erfolgt selbsttätig in der „Freien Arbeit".

In der Schule für Körperbehinderte bilden die Förderschwerpunkte der Kinder und Jugendlichen mit einer Körperbehinderung die Grundlage für die Unterrichtsplanung. Wichtige Prinzipien der Unterrichtsplanung sind neben der Handlungsorientierung: Individualisierung, Differenzierung, Anschauung und Lebensnähe. Das nachfolgende Beispiel einer Unterrichtsplanung soll zur kritischen Reflexion anregen und Sie ermutigen, eigene Ideen zu entwickeln.

Thema der Unterrichtsreihe:

„Ohne Wasser geht es nicht! Wir machen Versuche mit Wasser."

Überblick über die Reihe:

1. Std.: Einmal am Tag ein Eimer Wasser – Der Wasserverbrauch von Aminata und ihrer Familie

2. Std.: Wieviel Wasser brauchen wir? – Der Wasserverbrauch in unserer Familie

3. Std.: Sickert Wasser in den Boden? – Ein Versuch zur Durchlässigkeit von Bodenarten

4. Std.: Grundwasser aus den Tiefen der Erde. Nachbereitung des Versuches zur Durchlässigkeit von Bodenarten

5. und 6.Std.: Wie aus Wasser Trinkwasser wird. Filterversuche mit Wasser

7. Std.: Wasser ist auch in der Luft. Versuche zur Kondensation

8. Std.: Wasser verschwindet. Versuche zum Verdampfen und Verdunsten des Wassers

9. Std.: Die Reise des Wassers. Der Wasserkreislauf

Förderschwerpunkte: Arbeitsverhalten – Anbahnung der Fähigkeit, eine Arbeitsaufgabe in einer Gruppe zu organisieren und durchzuführen.

Thema der Unterrichtsstunde: Sickert Wasser in den Boden? – Ein Versuch zur Durchlässigkeit von Bodenarten

Förderziel: Die Schüler sollen eine vorgegebene Versuchsanordnung in Kleingruppen planmäßig organisieren, durchführen und auswerten, indem sie (zielorientierte Handlungsschritte):

• die Fragestellung (These) des Versuches erarbeiten,
• den Aufbau des Versuches mit Hilfe einer Abbildung beschreiben,
• sich die benötigten Materialien an den Arbeitstisch holen,

- sich in der Gruppe die Aufgabe aufteilen,
- die Arbeitsschritte nach Anleitung durchführen,
- die Beobachtungen in der Gruppe besprechen,
- die Ergebnisse zeichnerisch dokumentieren,
- die Ergebnisse der Großgruppe vorstellen.

Didaktische Entscheidungen

Begründungszusammenhang: Der Förderschwerpunkt „Arbeitsverhalten" hat für die Schüler der Klasse zur Zeit eine große Bedeutung. Die Schüler sind bei der Durchführung von Arbeitsaufträgen stark auf die Lehrerinnen fixiert. Sie fragen oft jeden einzelnen Handlungsschritt nach und benötigen ständig Rückmeldung. Kürzere Arbeitsaufträge, wie z. B. im Bereich des Übens, können die Schüler bewältigen. Sie haben jedoch bisher keine Erfahrungen gesammelt, komplexere Aufträge, wie z. B. Versuchsdurchführungen, auszuführen. Auch im Bereich der Freien Arbeit und Wochenplanung haben die Schüler nicht viele Erfahrungen gemacht. Neben der Planung einer Aufgabe bereitet auch die Organisation des Arbeitsplatzes allen Schülern noch Schwierigkeiten. Durch geeignete Arbeitsaufträge, bei denen die Schüler gezwungen werden, planmäßig vorzugehen, arbeiten sie zwangsläufig ökonomischer. Durch die Organisation einer Aufgabe und planmäßiges Vorgehen werden die Schüler auch befähigt, ihren Lebensalltag besser zu bewältigen.

Darüber hinaus läßt sich innerhalb des Förderschwerpunktes „Arbeitsverhalten" ein weiterer für die Schüler wichtiger Bereich fördern, die Kooperationsfähigkeit.

Analyse des Förderschwerpunktes: Der Förderschwerpunkt „Arbeitsverhalten" ist sehr umfangreich und bezieht weitere Förderbereiche mit ein, z. B. die Kooperationsfähigkeit. Als übergeordnetes Ziel dieses Bereiches ist die Selbständigkeit zu sehen.

Für die Förderung des Arbeitsverhaltens der Schüler sind momentan zwei Teilbereiche wesentlich: das Kennenlernen einer neuen Arbeitstechnik und die Organisation und Durchführung einer Arbeitsaufgabe. Bei der neuen Arbeitstechnik handelt es sich in der vorliegenden Reihe um das Durchführen von Versuchen. Dafür sind insbesondere die Planungs- und Organisationsfähigkeit relevant.

Darüber hinaus findet durch das Arbeiten in Gruppen eine Förderung im Bereich der Kooperation statt. Die Schüler müssen sich in Gruppen organisieren, Arbeitsaufträge aufteilen und sich miteinander besprechen.

Ableitung der Teilkompetenzen bezogen auf die Schülergruppe: Die drei genannten Teilkompetenzen des Förderschwerpunktes „Arbeitsverhalten" haben für alle Schüler der Klasse Relevanz, jedoch in unterschiedlichem Maße. Aufgrund ihrer starken Körperbehinderung können Chris und Marc die Arbeitsschritte nur unter starker Hilfe ausführen. Der Schwerpunkt liegt für diese Schüler deshalb nicht in der praktischen Durchführung, sondern im kognitiven Bereich. Sie sollen den gesamten Versuch im Blick haben, Anweisungen geben, beschreiben und auswerten. Nico und Melanie können die motorischen Anforderungen bewältigen. Sie sind verstärkt dafür zuständig, unter Einbeziehung der motorisch schwächeren Schüler die Materialien zu besorgen und Arbeitsschritte zu übernehmen bzw. anderen dabei zu helfen. Nico und Melanie sollen ihre eigenen Bedürfnisse zurückstellen und auch andere zum Zuge kommen lassen. Für Rafael ist es wichtig, planmäßig mit Blick auf die Fragestellung vorzugehen. Er ist im motorischen Bereich schwächer, so daß er vorrangig mit sich selbst beschäftigt ist. Susanne soll nach ihren motorischen Möglichkeiten Arbeitsschritte übernehmen. Für sie ist vorrangiges Ziel, den Überblick nicht zu verlieren und die Fragestellung im Auge zu behalten, da sie sehr schnell die Orientierung verliert.

Thematische Entscheidung:

Begründung des Themas: Das Thema der Unterrichtsreihe knüpft unmittelbar an das Thema der Projektwoche an. Leitfaden der Projektwochen war das Kinderbuch „Aminatas Entdeckung". Während dieser 14 Tage entstand unter anderem in Zusammenarbeit mit der Parallelklasse 4a ein Modell eines afrikanischen Dorfes mit Brunnen. Der Haupthandlungsstrang der Geschichte besteht aus der Verschmutzung des Brunnenwassers und der Wasserknappheit. Dadurch wurde das Thema „Wasser" bereits in den Projektwochen angesprochen. Die Behandlung komplexer Sachzusammenhänge konnte jedoch in dieser Zeit nicht bewerkstelligt werden, was auch durch die Zusammenarbeit mit der leistungsschwächeren Parallelklasse bedingt war. Die Motivation der Schüler zu diesem Thema ist noch groß.

Verknüpfung Inhalt – Förderschwerpunkte: Ein entscheidender Vorteil des Themas „Wasser" besteht darin, daß es viele Möglichkeiten für einen handlungsorientierten Unterricht bietet. Bezogen auf den zur Zeit relevanten Förderschwerpunkt „Arbeitsverhalten" drängen sich die vielen möglichen Versuche zum Thema „Wasser" förmlich auf. Viele Versuche sind sehr einfach und kostengünstig durchzuführen, so daß sie sich für das Einführen dieser neuen Arbeitstechnik optimal eignen.

Sachanalyse: Das Wasser, das für die Trinkwasserversorgung besonders gut geeignet ist, ist das Grundwasser. Es hat günstige chemisch-physikalische und bakteriologische Eigenschaften. Grund-

wasser entsteht durch die Versickerung von Regenwasser, Fluß-
wasser und Schnee. Es sammelt sich unterhalb der Erde und füllt
dort Hohlräume aus. Dort wo sich Wasser sammelt, werden Brunnen angelegt. Wasser versickert durch die meisten Erdschichten,
bis es auf eine Schicht stößt, die es nicht durchläßt. Die wasserdurchlässigen Böden sind Humus, Kies und Sand, die wasserun-
durchlässigen Böden Ton- und Mergelschichten sowie Felsen. Der
Erdboden ist aus diesen verschiedenen Bodenarten zusammengesetzt. Grundwasser kann demnach nur in wasserdurchlässigen
Schichten vorhanden sein. Diese Schichten nennt man auch
„Grundwasserleiter" oder „wasserführende Schichten". Im Gegensatz dazu gibt es die „Grundwasserstauer" oder „wasserstau-
enden Schichten", auf denen sich das Wassser sammelt. Die Menge des Grundwassers hängt von der Zusammensetzung des Bo-
dens ab. Neben der Trinkwassergewinnung aus dem Grundwasser
gibt es eine weitere Möglichkeit, Wasser zu gewinnen, die Ober-
flächenwassergewinnung.

Didaktische Reduzierung: Der sehr komplexe Sachzusammenhang
der Grundwasserentstehung muß den Schülern in vereinfachter
Form angeboten werden. Die Begriffe „Grundwasser", „wasser-
stauende" und „wasserführende" Schicht spielen deshalb in dieser
Stunde noch keine Rolle. Die Schüler sollen lernen, daß der Boden aus verschiedenen Schichten besteht, wovon die meisten was-
serdurchlässig sind und nur einige wasserundurchlässig. Der
Schwerpunkt dieser Stunde liegt auf der Versuchsdurchführung.   Tab. 1:
Entsprechende Begriffe und das Schnittbild durch den Boden wer-   Übersicht über die
den erst in der Nachbereitung des Versuches aufgearbeitet.   Schüler

	Susanne	Melanie	Nico	Chris	Marc	Rafael
Behinderung	Hydrocephalus Spina bifida	Anfallsleiden, Hypotonie	Hypotonie	Muskeldystrophie	Tetraplegie	Tetraplegie
	Wahrnehmungs-, Koordinations- und Gleichgewichtsstörungen		Störungen der Grob- und Feinmotorik, Wahrnehmungsstörungen		Koordinations- und Wahrnehmungsstörungen	Visuelle Wahrnehmungsstörungen, Gleichgewichtsstörungen
Hilfsmittel	Brille	Brille, Zahnspange	Brille	E-Rollstuhl	Brille, Rollstuhl	Brille

	Susanne	Melanie	Nico	Chris	Marc	Rafael
Fähigkeiten bezogen auf das Arbeitsverhalten						
Eine Fragestellung erarbeiten	1	1	1	3	3	2
Den Aufbau des Versuches beschreiben	2	2	3	4	3	3
Benötigte Materialien holen	1	3	3	2	1	2
Arbeitsschritte ausführen	2	3	3	1	1	2
Ergebnisse aufzeichnen	1	2	3	3	1	3
Planmäßiges Vorgehen	0	1	1	2	2	1
Überschauen der Arbeitsaufgaben	1	1	2	3	2	2
Ergebnisse vorstellen	2	2	2	3	3	3
Fähigkeiten bezogen auf Kooperation						
Absprache in der Gruppe treffen	0	1	1	3	3	2
Arbeitsschritte in der Gruppe aufteilen	0	2	1	3	2	2
Sich selbst zurücknehmen	2	1	0	3	3	3
Beobachtungen in der Gruppe besprechen	1	2	2	3	3	3
Jemandem beim Ausführen helfen	0	3	1	0	0	1

Erläuterung der verwendeten Symbole:

4	3	2	1	0

Fähigkeiten
gut ausgebildet

Fähigkeiten noch
nicht vorhanden

Didaktisch-methodische Entscheidung: Zu Beginn der Stunde wird den Schülern in Form einer Geschichte das notwendige Vorwisssen, das für den anstehenden Versuch von Bedeutung ist, dargelegt. Eine Geschichte bietet sich an, weil die Schüler dadurch eher vom Thema gefesselt sind als durch einen Vortrag. Am Ende dieser Grundlegung steht eine Fragestellung, die die Schüler dazu motivieren soll, Erklärungen zu suchen. Sie sollen eine These formulieren, die anschließend durch den Versuch überprüft wird. Bei der darauffolgenden Versuchsdemonstration durch die Lehrerin sind die Schüler aufgefordert, den Aufbau mit Hilfe eines Plakates zu beschreiben. Die Lehrerdemonstration ist unerläßlich, weil diese Arbeitsform für die Schüler gänzlich neu ist. Am Ende der Einleitung steht die Einteilung in Gruppen. Die Gruppenzusammensetzung ergibt sich aus den sehr unterschiedlichen Lernvoraussetzungen der Schüler. Die beiden Rollstuhlfahrer, die viel Hilfe benötigen, werden auf die Gruppen aufgeteilt. Ebenso müssen Nico und Melanie in verschiedene Gruppen eingeteilt werden, da sie sich beide nur schlecht zurücknehmen können.

Im Hauptteil der Stunde führen die Schüler die Versuche aus. Die Lehrerin steht dabei für Fragen und eventuell auftretende Probleme zur Verfügung, jedoch sollen die Gruppen möglichst selbständig arbeiten. Ein Problem bei der Versuchsdurchführung entsteht durch das Material Ton. Das korrekte Einfüllen des Tons in die Glasröhrchen ist sehr schwierig und kann von den Schülern nicht bewältigt werden. Da das Material allerdings für den Versuch von so großer Bedeutung ist, weil es das einzige wasserundurchlässige Material ist, kann es nicht weggelassen oder ausgetauscht werden. Damit der Versuch auf jeden Fall gelingt, sind die Glasröhrchen mit dem Material Ton bereits vorbereitet.

Für die Auswertung am Ende der Stunde setzen sich die Schüler im Halbkreis zusammen. Die Ergebnisbögen werden von den Schülern vorgestellt und mit der anderen Gruppe verglichen. Anschließend werden die Ergebnisse noch einmal in schriftlicher Form von der Lehrerin an der Tafel festgehalten.

Der Unterrichtsentwurf wurde nach dem in Abb. 10 gezeigten Planungsraster erstellt. Aber: Unterrichten ist in der Praxis weitaus komplizierter, als es sich in einem Unterrichtsentwurf darstellen läßt. Unterrichtsbeispiele können allerdings helfen, die eigene Planungsarbeit während der schulpraktischen Studien zu erleichtern, die Sie absolvieren werden, wenn Sie sich für ein Lehramtsstudium entschieden haben. Weitere Unterrichtsbeispiele finden Sie bei Hedderich (1994a), in den fortlaufenden Heften des Förderschulmagazins und der Zeitschrift für Heilpädagogik. Je nach didaktischer Ausrichtung finden Sie in der Fachliteratur zur

Tab. 3: Verlaufsplanung (Unterrichtsentwurf: Studienseminar Dortmund, zur Verfügung gestellt von Julius, modifiziert)

Phase – Zeit	Unterrichtsgeschehen	Kommentar	Medien	Organisa-tionsform
Einstieg ca. 10–15 Minuten	Einführung in das Thema – Problemstellung Lehrerin erzählt Geschichte zum Brunnenbau und entwickelt ein Tafelbild Lehrerin stellt Schüler vor ein Problem Schüler suchen Erklärung, stellen eine These auf Lehrerdemonstration eines Versuches mit Auswertung Einteilung in Gruppen durch Lehrerin Verweis auf Arbeitsteilung	Transparenz Schaffung des notwendigen Vorwissens, Anknüpfungspunkte aus dem Erfahrungsfeld der Schüler Motivation Einbeziehung der Schüler in die Fragestellung des Versuches Anschaulichkeit Gewährleistung geeigneter Gruppenzusammensetzungen Anleitung zu kooperativem Verhalten	Tafelbild, Plakat, Arbeits-blätter, Versuchs-material (Gefäße, Röhrchen, Meßbecher, Löffel, Erde, Ton, Kies, Sand), Stifte	Stuhlhalb-kreis vor der Tafel
Hauptteil ca. 25 Min.	Durchführung des Versuches: Holen der Materialien Ausführen der Arbeitsschritte Besprechung in der Gruppe zeichnerische Dokumentation Aufräumen des Arbeitsplatzes	Selbständige Organisation Schüler sollen sich je nach Fähig-keit in die Gruppe einbringen Auswertung Selbstorganisation	Tabletts	Gruppen-arbeit
Abschluß ca. 10 Min.	Auswertung in der Gruppe	Ergebnissicherung		Stuhlkreis

Unterrichtsplanung unterschiedliche Begrifflichkeiten und Raster zur Anfertigung eines Unterrichtsentwurfes. Eine sinnvolle Unterrichtsplanung berücksichtigt jedoch stets verschiedene Strukturmerkmale. Ziehen Sie zum Vergleich den Unterrichtsentwurf noch einmal heran!

Ziele – Förderschwerpunkte: Die klassische Formulierung von Richt-, Grob- und Feinzielen bezieht sich im wesentlichen auf die „Technik der Lernplanung" (Möller 1973). Bei einem Richtziel handelt es sich um ein übergeordnetes Ziel. Legitimiert wird es durch die Richtlinien der einzelnen Bundesländer. Ein Grobziel bezieht sich auf eine begrenzte Planungseinheit (z. B. Unterrichtsstunde). Ein Feinziel ist zu operationalisieren. Sowohl der Lern-

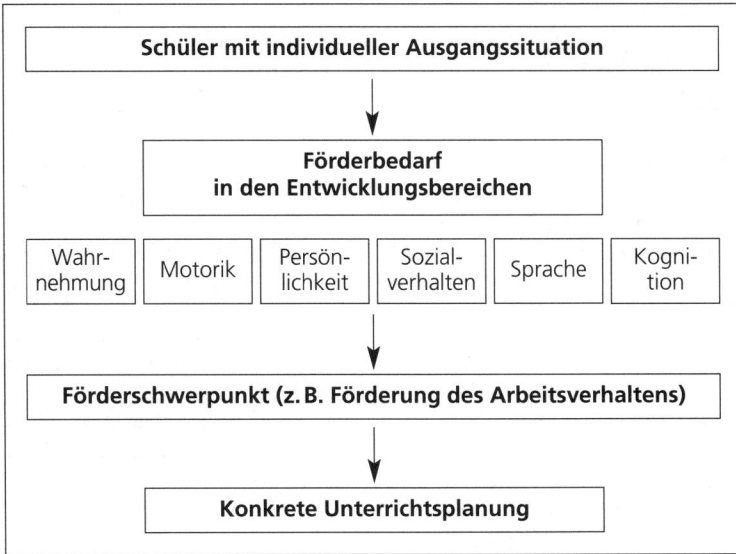

Abb. 10:
Planungsraster
(in Anlehnung an
Studienseminar
Dortmund, Julius)

zuwachs als auch die überprüfbaren Bedingungen sind detailliert anzugeben. Die Operationalisierung von Lernzielen im emotional-sozialen Bereich ist aber überaus problematisch. Die Ihnen jetzt bereits vertrauten Begriffe Förderbedarf und Förderschwerpunkte zeigen einen Paradigmenwechsel in der sonderpädagogischen Förderung an. Der Begriff Förderschwerpunkt (z. B. Arbeitsverhalten) beschreibt einen Aspekt eines Förderbereiches, dem im Unterricht entsprochen werden soll. Zielorientierte Handlungsschritte geben an, was die Schüler in der Unterrichtsstunde handlungsgeleitet erreichen sollen.

Analyse des Unterrichtsthemas – Sachanalyse: Hier werden Überlegungen zur Auswahl des Themas bzw. des Stoffes dargestellt. Neben der Auseinandersetzung mit dem Thema ist die Frage der Begrenzung (Didaktische Reduktion) des Unterrichtsstoffes zu behandeln. Darüber hinaus ist es wichtig, das Thema der Stunde in den größeren Sinnzusammenhang einer Einheit einzubinden.

Lernvoraussetzungen (Ist-Zustand): Sinnvoll ist es, die individuellen Lernvoraussetzungen der Schüler in tabellarischer Form zu veranschaulichen.

Didaktisch-methodische Überlegungen: Die Bedeutung des Themas für die Schülergruppe ist zu analysieren. Hier sind die bereits genannten Richtlinien ebenfalls von Bedeutung. Eine detaillierte Kenntnis der anthropogenen Bedingung der Schüler ist die

Voraussetzung. Darüber hinaus sind methodische Entscheidungen zu treffen. Wie soll der Stoff vermittelt werden? Es ist sinnvoll, die Stunden in verschiedene Phasen einzuteilen, den Schülern Handlungsmöglichkeiten zu geben, lebensnah zu planen, zu differenzieren, Hilfsmittel und Medien einzusetzen, eine räumliche Organisation vorzunehmen, die Schüler möglichst selbsttändig und selbsttätig arbeiten zu lassen (Arbeitsplan, offene Unterrichtsform, Freie Arbeit).

Reflexion   Und was haben die Erfahrungen in Ihrer eigenen Schulzeit mit Ihrer Unterrichtsplanung zu tun? Einiges: Denken Sie noch einmal an die Erfahrungen in Ihrer eigenen Schulzeit zurück. Sie werden negative und positive Modelle erlebt haben. Unterricht, der einseitig, frontal und langweilig war. Daneben aber auch Unterricht, der Sie begeistert hat. Unterricht, der engagiert, interessant und abwechslungsreich war. Auch diese Erfahrungen werden mit Sicherheit Ihr späteres unterrichtspraktisches Handeln prägen. In den konkreten Unterrichtssituationen ist auch Flexibilität gefragt, was sich abschließend durch folgende Geschichte humorvoll verdeutlichen läßt.

B

„Die Sau und das Ei"

Gut vorbereitet komme ich als Lehrerin am Montag in die Schule. Ich möchte die Kinder auf das nächste Diktat vorbereiten. Zunächst: der Morgenkreis, die Kinder dürfen erzählen; diese Einrichtung ist fester Bestandteil des Unterrichts. Heute entwickelt sich folgendes Gespräch:

Peter: „Gestern haben wir die Sau wieder abgeholt!"
Ich: „Woher?"
Peter: „Aus der Klinik."
Andrea: „Warum?"
Peter: „Sie hat Ferkel gekriegt, hatte einen Kaiserschnitt!"
Andrea: „Kaiserschnitt?"
Peter: „Die waren zu groß, deshalb mußte der Tierarzt einen Kaiserschnitt machen."

Prima, Peter wußte wirklich, wovon er sprach. Aber: Nun wollte ich mit dem Unterricht beginnen. Die Kinder waren nicht einverstanden. Das Gespräch ging weiter.

Andrea: „Wie kommen die da denn rein?"

Schweigen! Das mußte ja passieren! Und nun? Die Diktatübung konnte ich wohl für heute vergessen. Auf Aufklärungsunterricht war ich aber nicht vorbereitet. Die Gelegenheit konnte ich aber auch nicht ungenutzt verstreichen lassen. Also stellte ich die Frage noch einmal.

Ich: „Wie kommen die Ferkel in den Bauch der Mutter?"
Oliver: „Ich weiß wie, aber ich kann`s nicht sagen!"

Die Kinder sind verlegen. Ein wichtiger Hinweis für mich, das Gespräch gewissenhaft zu führen.

Peter: „Das Ei ist wichtig."

Ich schreibe groß „Ei" an die Tafel. In dem folgenden Gespräch wurden die wichtigsten Fakten über Schwangerschaft und Geburt an der Tafel festgehalten. Für die Kinder muß es aber umständlich gewesen sein. Am Ende des Gespräches fragte Andrea: „Was mache ich, wenn ich keine Kinder will?"

Peter: „Dann läßt Du das Ganze!"

Ich bin dankbar für diese Störung meiner Unterrichtsplanung! Meine Vorbereitungen konnte ich vergessen. Anschauungsmaterialien und Arbeitsblätter über Schwangerschaft und Geburt waren nicht zur Hand. Diese Chance mußte ich aber doch nutzen?!

(Geschichte in Anlehnung an Herrmuth, persönlicher Bericht)

Integration

Können Sie sich noch an zentrale Fakten zur Entwicklung des Sonderschulwesens erinnern, die die Entwicklung des Integrationsgedankens betrafen? Kurze Wiederholung: In den 60er Jahren erfolgte zunächst eine dynamische Entwicklung des Sonderschulwesens. Es entstanden einzelne Schulformen mit spezifischer Ausrichtung auf die jeweilige Behinderungsart. Der Deutsche Bildungsrat befürwortete bereits 1973 den gemeinsamen Unterricht von Kindern mit Behinderungen und nichtbehinderten Kindern. Erst Mitte der 90er Jahre zeigen die meisten Bundesländer in ihren Schulgesetzen eine deutliche Tendenz, den gemeinsamen Unterricht zu ermöglichen und zu fördern. *Entwicklung*

Das komplexe Thema „schulische Integration" wurde für Sie durch fünf Fragen strukturiert:

1.) Was ist Integration?   Fragen
2.) Was ist unter zielgleicher und zieldifferenter Integration zu verstehen?
3.) Zu welchen Ergebnissen kamen die Schulversuche?
4.) Wie ändert sich die Rolle der Sonderschullehrerin?
5.) Welche Rahmenbedingungen erleichtern den Gemeinsamen Unterricht?

Sie erhalten im folgenden ein Grundlagenwissen zum Thema „Integration", das Sie durch die Lektüre weiterer Fachliteratur vertiefen können. Empfehlenswert sind: Eberwein (1997): Behinderte und Nichtbehinderte lernen gemeinsam. Schöler (1993): Integrative Schule – Integrativer Unterricht. Ratgeber für Eltern und Lehrer.

Was ist Integration?   Frage 1

Wenn Sie heute das Schlagwort Integration hören, wird oft nicht sofort deutlich, was darunter verstanden werden soll. Der Begriff wird vielfach in der Wissenschaft und in der Alltagssprache ge-

Integration

braucht. Hierbei scheint die ursprüngliche Bedeutung des Wortes verlorengegangen zu sein. Grundworte sind das lateinische Verb „integrare" (ergänzen) und das Adjektiv „integer" (unberührt, ganz). Integration meint die Wiederherstellung, die Vervollständigung eines Ganzen. In der Pädagogik wird unter Integration der gemeinsame Unterricht behinderter und nichtbehinderter Kinder verstanden. Integration wird als Grundrecht angesehen, auf das jeder Mensch Anspruch hat (Muth 1973). Unterschieden wird zwischen zwei Formen der Integration: der personalen und der sozialen. Unter personaler Integration wird das Finden des persönlichen Gleichgewichts, das Aufbauen eines starken Ichs, das Stabilisieren der Persönlichkeit verstanden. Soziale Integration meint die Eingliederung des einzelnen Menschen mit einer Behinderung in das gesellschaftliche Ganze (Speck 1975).

Frage 2

Was ist unter zielgleicher- und zieldifferenter Integration zu verstehen?

Zielgleiche Integration: die Integration einzelner Kinder mit Behinderungen hat schon immer stattgefunden, ohne daß der Integrationsbegriff dafür zur Anwendung kam. Ein Kind mit einer Querschnittslähmung, auf den Rollstuhl angewiesen, welches das wohnortnahe Gymnasium besuchen kann. Aber: Dies waren Kinder, die mit ihrer Behinderung den Leistungsanforderungen, die an gleichaltrige nichtbehinderte Kinder gestellt wurden, ohne zusätzliche sonderpädagogische Maßnahmen entsprechen konnten. In diesem Fall spricht man in der Integrationsdiskussion von „zielgleicher Integration". „Zieldifferente Integration" meint, daß jedes Kind mit einer Behinderung nach den Richtlinien unterrichtet wird, nach denen es auch an einer Sonderschule unterrichtet werden würde (z. B. Richtlinien für die Schule für Geistigbehinderte oder für Lernbehinderte). Ein zieldifferenter Unterricht ist folglich ein sehr differenzierter Unterricht. Die Differenzierung bezieht sich auf Ziele, Inhalte, Methoden und Medien.

Frage 3

Zu welchen Ergebnissen kamen die Schulversuche?

Zwischen Integrationsklassen und Regelklasssen zeigen sich in den Kulturtechniken keine bedeutsamen Leistungsunterschiede (Wocken 1987, Dumke 1991). Die soziale Distanz gegenüber Kindern mit Behinderungen ist bei Sonderschülern am größten. „Integrative Erziehung fördert soziales Lernen und humane Akzeptanz"(Wocken 1992, 106). Es ist aber davon auszugehen, daß Prozesse der Fremdwahrnehmung im Rahmen der Gemeinsamen Erziehung keineswegs mitlaufend sind. Erforderlich ist eine bewußte Auseinandersetzung mit Behinderung. Aus verschiedenen Untersuchungen der 70er Jahre (von Bracken 1976, Jansen 1972,

Thimm 1972) wissen wir, daß der Informationsstand in der Bevölkerung äußerst gering ist. Der Mangel an Informationen führt zu Verunsicherung. Negative Einstellungen werden durch unstrukturierte Kontakte verstärkt (Cloerkes 1982). Im Rahmen des Gemeinsamen Unterrichts werden also Sozialkontakte nicht automatisch vorhanden sein. Vielmehr sind Abneigungen und Unsicherheiten im Unterrichtsgeschehen bewußt abzubauen.

Als methodisches Vorgehen im Gemeinsamen Unterricht haben sich insbesondere Projekte bewährt, welche ein Lernen am gemeinsamen Gegenstand (Feuser 1997) oder eine Beschäftigung in der gemeinsamen Lernsituation (Hinz 1991) ermöglichen. „Integrative Pädagogik und Didaktik ist nichts anderes als Pädagogik und Didaktik für heterogene Lerngruppen und deshalb nichts anderes als Pädagogik schlechthin" (Reiser 1990, 264). Die Hauptschwierigkeit des Gemeinsamen Unterrichts scheint in der Zusammenarbeit der Lehrkräfte zu liegen (Wocken 1991, 21ff). Es lassen sich typische Verläufe der Teamarbeit feststellen:

1. Phase der Konstituierung: Anfangseuphorie, Bemühen um Einigkeit
2. Phase der Klärung: Konflikte werden deutlich, Abgrenzungen
3. Phase der Konstruktion: Auseinandersetzungen, tragbare Formen der Zusammenarbeit
4. Phase der Kontinuität: Alltag wird mit professioneller Routine bewältigt

Wie verändert sich die Rolle der Sonderschullehrerin?

Sonderschullehrerinnen kommen verschiedene Aufgaben zu. Regelschullehrerinnen werden von Sonderschullehrerinnen in ihrer Arbeit in der integrierenden Klasse beraten und mit Informations- und Unterrichtsmaterial unterstützt. Die Sonderpädagoginnen arbeiten jedoch nicht im Unterricht selber mit. Ähnlich ist das Arbeitsprinzip des Ambulanzlehrerinnensystems (Hedderich 1993a, 1994b). Ambulanzlehrerinnen haben ebenfalls eine begrenzte Anzahl von Stunden pro Klasse zur Verfügung, die sie jedoch im Unterschied zu den Beratungslehrerinnen in der Klasse verbringen, um dort dem Förderbedarf der Kinder mit Behinderungen gerecht zu werden. Häufig werden sie mehreren Klassen zugeteilt, zwischen denen sie pendeln, nicht selten fällt noch ein Teil ihres Lehrdeputats auf eine Sonderschule. Im Zwei-Lehrerinnen-System stehen der Klasse permanent zwei Lehrerinnen (eine Regelschullehrerin und eine Sonderschullehrerin) zur Verfügung. Der gesamte Unterricht wird von beiden Lehrerinnen geplant und durchgeführt. Das Zwei-Lehrerinnen-System wird in der gesamten Literatur favorisiert, da es die besten Möglichkeiten der Zusammenarbeit bietet (Eberwein 1997).

Frage 4

Frage 5

Welche Rahmenbedingungen erleichtern den Gemeinsamen Unterricht?

1. Weiterbildung vor Beginn der integrativen Praxis für das Personal der an der Integration beteiligten Regel- und Sondereinrichtung.
2. Reduktion der Gruppen und Klassenstärken (z. B. 16 nichtbehinderte Kinder und 2 Kinder mit Behinderungen in einer Kindergartengruppe).
3. Team-teaching: Sonder- und Regelpädagoginnen arbeiten kooperativ zusammen.
4. Einsatz von zusätzlichem Personal (z. B. Therapeutinnen, Zivildienstleistende).
5. Intensive und kooperative Elternarbeit (sowohl mit den Eltern der behinderten als auch der nichtbehinderten Kinder).
6. Schaffen der notwendigen baulichen und räumlichen Voraussetzungen, die sich an den Bedürfnissen der Kinder mit Behinderungen orientieren.
7. Stark individualisierender Unterricht, starke Unterstützung kommunikativer und sozialer Prozesse, zusätzliche Fördermaßnahmen und Therapien für Kinder mit Behinderungen.

Berufliche Belastungssituationen der Sonderschullehrerin

In der Schule für Körperbehinderte erforderten Integration und Aufnahme von Kindern und Jugendlichen mit schwersten Behinderungen eine Umorientierung hinsichtlich des Berufsverständnisses. Eine adäquate schulische Förderung von Kindern mit schwersten Behinderungen ist in der Einheit von Pflege, Erziehung und „basaler Förderung" zu sehen. Die gemeinsame Beschulung von Kindern mit Behinderungen und nichtbehinderten Kindern läßt Integration, Kooperation und Beratung zur zentralen Aufgabe von Sonderschullehrerinnen werden (Lumer 1995). Im Rahmen der Integrationsdiskussion wird die Wirksamkeit besonderer Sonderschulformen angezweifelt. Der „allgemeine Wertewandel" begünstigt das Auftreten von Burnout (dt. „ausbrennen").

Burnout

Der Psychoanalytiker Freudenberger beschrieb 1974 in den USA erstmalig ein Phänomen, das er als „Burnout-Syndrom" zusammenfaßt. In der Praxis fielen ihm zunehmend häufiger Patienten auf, die in den „helfenden" Berufen arbeiteten und an psychischer und physischer Erschöpfung in Verbindung mit psychosomatischen Störungen litten. Unter Burnout wird verstanden: „ein Syndrom von emotionaler Erschöpfung, Depersonalisation und verringerter persönlicher Erfüllung im Beruf, das bei Individuen, die bis an die Grenze ihrer Leistungsfähigkeit mit Menschen arbeiten, auftreten kann" (Maslach 1984, 2). Bislang hat sich keine Definition herausgebildet, die als Standard akzeptiert wird. Ein allgemeiner Konsens besteht nur insofern, als Burnout auf einer sehr individuellen Ebene in Erscheinung tritt. Es ist eine menschliche Erfahrung, die Gefühle, Einstellungen, Motive und Erwartungen betrifft und sich als negative Erfahrung mit negativen Konsequenzen zeigt.

Als Schlüsselphänomen für das Verständnis von Burnout wird Streß angesehen. Ein Mensch kann als burnout-gefährdet angesehen werden, wenn bestimmte Stressoren als lebensbedrohlich eingestuft werden und keine Möglichkeit gesehen wird, diese in den Griff zu bekommen. Burnout ist die letzte Stufe in einem mißglückten Prozeß, negative Streßbedingungen zu bewältigen. In der Literatur besteht Einigkeit darüber, daß am Beginn eines Burnout-Prozesses Überengagement steht. Es folgen Desillusionierung, Schuldzuweisung und je nach Form der Ursachenzuschreibung depressives oder aggressives Verhalten. In Wechselwirkung mit diesen Reaktionsweisen kommt es zu Leistungsabfällen. Es stellt sich eine emotionale, soziale und geistige Verflachung ein. Es können vielfältige psychosomatische Reaktionen auftreten. Als Endstadium wird schließlich die Verzweiflung genannt (Burisch 1994).

Der Frage, wie ausgebrannt sich Sonderschullehrerinnen für Körperbehinderte fühlen, wurde in einer eigenen Studie nachgegangen (Hedderich 1997b,c). Das Ergebnis war zunächst erstaunlich: Innerhalb der Gesamtgruppe der Sonderschullehrerinnen zeigen Sonderschullehrerinnen für Körperbehinderte gemeinsam mit Sonderschullehrerinnen für Geistigbehinderte weitaus niedrigere Burnout-Werte als Sonderschullehrerinnen für Lernbehinderte und Sonderschullehrerinnen für Verhaltensgestörte. Daß die Werte der Lehrerinnen für Körperbehinderte und für Geistigbehinderte näher beieinanderliegen, ist insofern verständlich, als bezüglich der Schülerschaft und der Aufgabenbereiche gegenwärtig von einer Annäherung der Schule für Körperbehinderte und der Schule für Geistigbehinderte ausgegangen werden muß. Das Bild beider Schulformen wird deutlich durch Kinder und Jugendliche mit schwersten Behinderungen geprägt. In vergleichbarer Form lassen sich aber auch Parallelen zwischen den Schulen für Lernbehinderte, für Erziehungshilfe und der Hauptschule ziehen. In allen drei Schulformen gilt es, die Schülerschaft auf eine nachschulische Situation vorzubereiten, in der berufliche Perspektiven sehr ungünstig sind. Darüber hinaus wird der Schulalltag in hohem Maße durch den erzieherischen Umgang mit verhaltensauffälligen Kindern geprägt.

In diesem Zusammenhang ist ein weiteres Ergebnis interessant. In einer Studie für die Gruppe der Grund- und Hauptschullehrerinnen (Barth 1992) wurde ein Zusammenhang zwischen der Intensität des erlebten Burnout und Disziplinproblemen mit den Kindern festgehalten. Für Lehrerinnen, die stärker vom Ausbrennen betroffen waren, stellten „Schwierigkeiten mit den Schülern" ein besonderes Problem dar.

In Übereinstimmung mit weiteren Untersuchungen (Straßmeier 1994; Anstötz 1987) konnte in der eigenen Umfrage für die Gruppe der Sonderschullehrerinnen für Körperbehinderte festgehalten werden, daß die Variable „Arbeit mit Kindern mit schwerster Behinderung" keinen Einfluß auf die Intensität des erlebten Burnout nimmt.

Dieses Ergebnis war sehr überraschend, denn die besondere Burnout-Gefährdung, gerade in der Arbeit bei schwerster Bedinderung, wird in der Literatur vielfach diskutiert (Hahn 1985). Um dem Problem näher nachzugehen, führte ich Intensivgespräche mit Bezugspersonen durch. Die Ergebnisse weisen darauf hin, daß die Erziehungspraxis mit diesen Kindern häufig auf einer grundsätzlichen Akzeptanz basiert. Kennzeichnend ist eine flexible Suche nach Fördermöglichkeiten. Um sich selbst vor Enttäuschungen zu schützen, wird häufig auf das eindeutige und schnelle Erreichen von Fördererfolgen verzichtet.

Praxisreflexion

Gerade junge Lehrerinnen sind häufiger von Burnout betroffen (Barth 1992). Haben Sie genaue Informationen über Ihre spätere berufliche Tätigkeit? Häufig, so wissen wir aus der Forschung, treten Berufsanfängerinnen mit unrealistischen, überhöhten Erwartungen in das Berufsleben ein. Enttäuschungen sind so vorprogrammiert, und Burnout wird der Weg bereitet. Versuchen Sie, sich ein möglichst umfassendes Bild über Ihre spätere berufliche Tätigkeit zu verschaffen! Kurze Praktika, wie sie häufig im Studium verankert sind, reichen sicherlich nicht aus. Hier müssen Sie selbst die Initiative ergreifen!

Spezielle pädagogische Aufgabenfelder

Das Kapitel über schulische Förderung soll durch zwei Themenbereiche abgeschlossen werden, deren Behandlung Sie seltener in der sonderpädagogischen Literatur finden.

Pädagogische Begleitung lebensbedrohlich erkrankter Kinder: Lesen Sie zunächst einen Textausschnitt, in dem die Thematik kindgerecht betrachtet wird:

Reflexion

Jonatan wußte, daß ich bald sterben würde. Ich glaube, alle wußten es, nur ich nicht. Sogar in der Schule wußten sie es, denn ich lag ja nur zu Hause, weil ich hustete und immer krank war. Das letzte halbe Jahr hatte ich überhaupt nicht mehr zur Schule gehen können. Alle Frauen, für die Mama nähte, wußten es auch. Einmal redete eine mit ihr darüber, und ich hörte es zufällig, ohne daß ich es wollte. Sie dachte, ich schlafe. Ich lag aber nur mit geschlossenen Augen da. Und das tat ich auch weiterhin, denn ich wollte mir nicht anmerken lassen, daß ich dieses Schreckliche gehört hatte – daß ich bald sterben würde.

Natürlich wurde ich traurig und bekam furchtbare Angst, und das wollte ich Mama nicht zeigen. Aber als Jonatan nach Hause kam, erzählte ich es ihm. „Weißt Du, daß ich bald sterben muß?" fragte ich und weinte. Jonatan dachte ein Weilchen nach. Er antwortete mir wohl nicht gern, doch schließlich sagte er: „Ja, das weiß ich." Da weinte ich noch mehr. „Wie kann es so was Schreckliches geben?" fragte ich. „Wie kann es so was Schreckliches geben, daß manche sterben müssen, wenn sie noch nicht einmal zehn Jahre alt sind?" „Weißt Du, Krümel, ich glaube nicht, daß es so schrecklich ist", sagte Jonatan. „Ich glaube, es wird herrlich für Dich sein." „Herrlich?" sagte ich. „Tot in der Erde liegen, das soll herrlich sein?!" „Aber geh", sagte Jonatan. „Was da liegt, ist doch nur eine Schale von Dir. Du selber fliegst ganz woanders hin." „Wohin denn?" fragte ich, denn ich konnte ihm nicht recht glauben. „Nach Nangijala", antwortete er. Nach Nangijala – das sagte er so einfach, als wüßte das jeder Mensch. Aber ich hatte noch nie etwas davon gehört. „Nangijala", sagte ich, „wo liegt denn das?" Da sagte Jonatan, das wisse er auch nicht genau. Es liege irgendwo hinter den Sternen. Und er fing an, von Nangijala zu erzählen, so daß man fast Lust bekam, auf der Stelle hinzufliegen.

(Die Brüder Löwenherz von Astrid Lindgren, zit. nach Ortmann 1995, 167).

Tod und Sterben werden in unserer Gesellschaft verdrängt und tabuisiert. Auch viele Lehrerinnen haben große Schwierigkeiten, das bevorstehende Sterben eines Kindes aus ihrer Klasse zu thematisieren. Zu Kindern mit lebensbedrohlichen Erkrankungen, die in der Schule für Körperbehinderte beschult werden, zählen: Kinder mit Tumoren, mit Leukämie und mit fortschreitenden Muskelerkrankungen. Erst auf der Grundlage der eigenen Auseinandersetzung mit Sterben und Tod kann die pädagogische Begleitung lebensbedrohlich erkrankter Kinder erfolgen.

Betrachten wir die Literatur zur Körperbehindertenpädagogik, so gibt es nur vergleichbar wenige Autoren, die sich mit diesem Thema beschäftigt haben (Schmeichel 1978, 1983b; Ortmann 1995; Seifert 1991). Wie kann die pädagogische Unterstützung für diesen Personenkreis aussehen? Bedeutsam ist die Konzeption der „Pädagogischen Koexistenz" (Schmeichel 1978, 1983b). Ausgangspunkt ist die Überlegung, daß jedes lebensbedrohlich erkrankte Kind gezwungen ist, ohne Zukunftsorientierung zu leben. Von daher entsteht ein Anspruch auf gegenwartsorientierte Anregungen für die Gestaltung zwischenmenschlicher Beziehungen. Die Beziehungsgestaltung ist mit dem Begriff der Koexistenz gemeint, der dem theoretischen Bezugssystem von Merleau-Ponty (1966) entnommen ist. In der Wahrnehmung eines anderen gewinnt jeder Mensch eine neue Dimension des eigenen Seins. In dieser Dimension findet Koexistenz statt.

Das schulische Leben mit lebensbedrohlich erkrankten Kindern konzentriert sich auf aktuelle Gegenwartsmomente. Die Lehrerin muß sich in dem Beziehungsverhältnis die Freiheit zu einem Handeln nehmen, das für sie und die Kinder in hohem Maße bedeutungsvoll ist – auch wenn es, von außen betrachtet, z. T. als „gesellschaftlich bedeutungslos" angesehen wird. Der Begriff der Koexistenz ist zweckfrei. Die Verwirklichung der pädagogischen Koexistenz wird als Prozeß angesehen. Dieser vollzieht sich langsam und diskontinuierlich, da er durch die Bedürfnisse des lebensbedrohlich erkrankten Kindes geprägt wird (Seifert 1991). Ein zentrales pädagogisches Anliegen besteht darin, bei der Sinnfindung in der veränderten Lebenssituation zu helfen. In diesem Zusammenhang ist auch die Kooperation mit den Eltern notwendig und sinnvoll.

Pädagogische Begleitung

Wie könnte die geforderte pädagogische Unterstützung aussehen? Welche Faktoren sind bei der Unterrichtsplanung zu berücksichtigen? Der Verbleib in der gewohnten schulischen Umgebung sollte selbstverständlich sein. Auch bei Krankenhausaufenthalten sollten Möglichkeiten geschaffen werden, innerhalb der Klassengemeinschaft zu kommunizieren. Weiterhin bedeutsam sind: Erwerb von Streßverarbeitungsstrategien, Strategien zum Abbau von Ängsten, Möglichkeiten der positiven Beeinflussung von Todesvorstellungen (Ortmann 1995). Individualisierender Unterricht ist geeignet, den persönlichen Bedürfnissen zu entsprechen und am gemeinsamen Lernprozeß teilhaben zu lassen. Unterrichtsmethodische Entscheidungen (zum Thema „Tod" zeichnen lassen) müssen auf die jeweilige Lerngruppe individuell zugeschnitten werden. Die unterrichtliche Thematisierung sollte nicht erst mit dem Auftreten der lebensbedrohlichen Erkrankung beginnen. Zu erwarten ist, daß diese Kinder altersmäßig früher das Bedürfnis verspüren, sich mit ethischen Fragen zu beschäftigen. Der eingangs zitierte Ausschnitt aus dem Kinderbuch von Astrid Lindgren ist für die unterrichtliche Arbeit gut geeignet.

Begriffe

Förderort und Förderung von Kindern mit Teilleistungsstörungen: Wenden wir uns einer weiteren pädagogischen Aufgabe zu, den Teilleistungsstörungen. In der Fachliteratur wird der Begriff „Teilleistungsstörung" höchst unterschiedlich verwendet. Ich greife hier das hyperaktive Verhalten bzw. die MCD heraus.

Kennen Sie die Geschichte vom „Zappelphilipp" im Struwwelpeter-Buch von Hoffmann? Heute würden wir bei „Zappelphilipp" ein Hyperkinetisches Syndrom diagnostizieren. Hyperaktives Verhalten ist ein medizinisch-pädagogisches Problem, und die Zahl der diagnostizierten Kinder nimmt zu.

Kennzeichen sind: Überschuß an motorischer Aktivität, Aufmerksamkeitsstörung, Verhaltensauffälligkeiten. Das Hyperkinetische Syndrom wird teilweise mit der sogenannten „Minimalen Cerebralen Dysfunktion" gleichgesetzt. Dieser Begriff war zur Modediagnose (Steinhausen 1988) geworden für Kinder mit Teilleistungsstörungen. Wichtig ist, eine genaue Unterscheidung zu treffen. Differenzieren läßt sich zwischen dem bereits genannten Hyperkinetischen Syndrom und einem weiteren Syndrom von Teilleistungsstörungen (sensumotorische Koordinations- und Integrationsstörung), das in Verbindung mit einer minimalen cerebralen Bewegungsstörung steht.

Nun stellt sich die Frage: Ist die Schule für Körperbehinderte für diese Kinder der geeignete Förderort (Bloemers et al. 1992)? Mit Sicherheit sind dies keine Kinder, bei denen eine Körperbehinderung im klassischen Sinne deutlich in Erscheinung tritt, aber sie haben möglicherweise einen hohen Förderbedarf.

Frage des geeigneten Förderortes

Auf der anderen Seite ist es auch so, daß sich bei dem „nur körperbehinderten Kind" nicht zwangsläufig ein sonderpädagogischer Förderbedarf ergibt. Erst eine progressive Erkrankung, eine schwerste Behinderung, Lern- und Wahrnehmungsstörungen als Folge der körperlichen Schädigung lassen einen sonderpädagogischen Förderbedarf entstehen. Je intensiver dieser Bedarf ist, desto schwieriger gestalten sich (zumindest zum gegenwärtigen Zeitpunkt) Formen der gemeinsamen Beschulung. Mancherorts entwickeln sich die Schulen für Körperbehinderte zu Schulen für Kinder mit schwerster Behinderung und/oder zu Schulen für Kinder mit Teilleistungsstörungen. In der Praxis sind flexible Lösungen der Schulaufnahme gefordert. Im Zentrum stehen die Förderbedürfnisse des Kindes und eine Schulform, die sich im Sinne eines anregenden Lernklimas ihre „heterogene Schülerschaft" bewahren sollte.

In der Förderpraxis mit Kindern mit Teilleistungsstörungen sind Konzeptionen geeignet, die bemüht sind, Selbststeuerung, Handlungs- und Sozialkompetenz zu fördern (Fritz et al. 1989). Der Aufbau der Förderungen ist darauf ausgerichtet, zu selbständiger Planungsfähigkeit und Handlungskompetenz anzuleiten. Das Kind soll befähigt werden, sich selbst ein Handlungsziel zu setzen, die Verwirklichung des Ziels selbständig zu planen und in die Realität umzusetzen. Zentrales Medium der Förderung sind (wie im Bereich der Psychomotorik) grobmotorische Spielhandlungen.

Übungsaufgaben zu Kapitel 4

Am Ende dieses Kapitels zur schulischen Förderung bei Körperbehinderung erwarten Sie nun nicht (wie bereits gewohnt) Wissensfragen, sondern Fragen, die Sie zur Reflexion anregen sollen. Halten Sie Ihre Erfahrungen noch einmal fest!

Aufgabe 9 Wie haben Sie Unterricht in Ihrer eigenen Schulzeit erlebt?

Aufgabe 10 Wie möchten Sie Ihren eigenen Unterricht gestalten?

Aufgabe 11 Welche Ziele sollte das System Schule Ihrer Meinung nach verfolgen? Stellen Sie den Menschen als kreatives, lernfähiges Individuum in den Mittelpunkt und ordnen Sie Ihre Ziele von Schule als Grafik um diesen Mittelpunkt herum an. Tauschen Sie Ihre Grafik mit anderen Studierenden aus, setzen Sie sich zusammen und versuchen Sie, ein gemeinsames Modell zu entwickeln!

Aufgabe 12 Was ist Integration?

Aufgabe 13 Welche Rahmenbedingungen erleichtern den Gemeinsamen Unterricht?

5. Förderung bei schwerster Behinderung

Kinder mit schwersten Behinderungen werden erst seit etwa Mitte der 70er Jahre in Schulen systematisch gefördert. Sie haben die inhaltliche Arbeit in Schulen für Körperbehinderte entscheidend verändert. Seit etwa Mitte bis Ende der 80er Jahre hat sich die Körperbehindertenpädagogik verstärkt diesem Personenkreis zugewendet. Eine schwerste Behinderung ist in der Regel eine Mehrfachbehinderung, d. h., verschiedene Beeinträchtigungen bedingen sich wechselseitig und bestimmen als Ganzes die Lebenswirklichkeit des Kindes.

Personenkreis

In der Literatur herrschten lange Zeit verschiedene Begriffe vor: Begriffe schwerstmehrfachbehindert, schwerstbehindert, schwerstkörperbehindert, schwerstgeistigbehindert. Für die Bezeichnung war häufig die Blickrichtung der Betrachtung entscheidend. In jüngster Zeit werden diese Begrifflichkeiten abgelöst durch Bezeichnungen wie „schwerstbehindertes Kind", „Mensch mit einer schwersten Behinderung". Man möchte damit die individuelle Persönlichkeit jedes Menschen stärker in den Mittelpunkt rücken.

„Guido ist aufgrund einer spastischen Tetraplegie an Armen und Beinen gelähmt, er sitzt in einem Rollstuhl, den er nicht selbst fortbewegen kann. Durch sein Anfallsleiden ist er häufig nicht ansprechbar und schläft viel. Manchmal lacht er und kann seinen Unmut durch heftiges Schreien deutlich artikulieren."

Guido gehört zu dem Personenkreis, den wir als schwerstmehrfachbehindert bezeichnen. In den Richtlinien und Empfehlungen für den Unterricht (Der Kultusminister des Landes Nordrhein-Westfalen 1985) wird Schwerstbehinderung als Mehrfachbehinderung bezeichnet, die aus einer Verbindung von zwei oder mehr Behinderungen besteht, wie Blindheit, Erziehungsschwierigkeit, Gehörlosigkeit, geistige Behinderung, Körperbehinderung und Krankheit. Die Ausprägungsformen der einzelnen Behinderungen sind gravierend.

Als Beleg läßt sich eine eigene Erhebung in Nordrhein-West-falen anführen (Hedderich 1991). Es wurden 350 Kinder und Ju-gendliche mit schwersten cerebralen Bewegungsstörungen im schulpflichtigen Alter erfaßt. Entscheidende Komponenten der komplexen Mehrfachbehinderung waren ein Anfallsleiden (85 %) und eine Sehbehinderung (70 %).

Es bleibt an dieser Stelle festzuhalten, daß sich bisher keine all-gemeingültige Definition des Personenkreises „schwerstmehr-fachbehinderte Kinder und Jugendliche" herauskristallisiert hat. Aufzählungen von Merkmalen, die diese Menschen betreffen, ver-mögen ihre Persönlichkeit nur sehr schwer zu erfassen. Eine schwerste Behinderung scheint nur unzulänglich definierbar. Wir brauchen Beschreibungen über ihre Kompetenzen, um uns darüber verständigen zu können, wie eine Förderung aussehen kann. Es ist wichtig, den intensiven Förderbedarf festzuhalten, um den Anspruch auf Förderung einlösen zu können. Wir werden im Verlauf dieses Kapitels noch einmal darauf zurückkommen.

Historische Entwicklung

Bildungsanspruch   Wie bereits erwähnt, liegen die Artikulation und die Durchset-zung des Bildungsanspruchs schwerstbehinderter Menschen in den alten Bundesländern mehr als 20 Jahre zurück. Hierzu war eine Revision der bestehenden Sonderschulaufnahmeverfahren erforderlich, die durch eine „untere Grenze" schulpflichtige schwerstbehinderte Kinder vom Schulbesuch ausschlossen. Es wäre vorschnell, aus dem Gesagten zu folgern, der grundsätzliche Bil-dungsanspruch wäre bereits bundesweit eingelöst. Eine aktuelle bildungspolitische Umfrage (Ellger-Rüttgardt 1995) kommt zu dem Ergebnis, daß in mehreren alten Bundesländern die ge-setzlichen Rahmenbedingungen durchaus ein Ruhen der Schul-pflicht bzw. eine Befreiung von der Schulpflicht erlauben. Als Bei-spiel sei Niedersachsen genannt, wo schwerstbehinderte Kinder, die nicht den klassischen Sonderschulaufnahmekriterien ent-sprechen, d. h. keinen Gegenstandsbezug erkennen lassen, bis vor wenigen Jahren alternativ in Tagesbildungsstätten betreut wurden.

Beim Problemfeld der Anerkennung der Bildungsfähigkeit las-sen sich durchaus Parallelen zwischen der BRD und der ehema-ligen DDR ziehen. Auch in der BRD wurden Menschen mit schwersten Behinderungen bis vor wenigen Jahrzehnten als „schul-bildungsunfähig" angesehen. Ende der 70er Jahre wurde die Schulpflicht für alle Kinder eingeführt, unabhängig von der Schwere der Behinderung. Aber bis vor wenigen Jahren wurde dieser Personenkreis auch in westlichen Bundesländern alterna-

tiv in Tagesstätten betreut und nicht durchgängig in Schulen gefördert. Im Gegensatz zur ehemaligen DDR sind die Richtlinien
jedoch darauf ausgerichtet gewesen, keinen Menschen mit schwerster Behinderung von Förderangeboten auszuschließen. In der
ehemaligen DDR wurden Menschen mit schwersten Behinderungen als „förderungsunfähige Pflegefälle" betrachtet. Die Ausgrenzung dieses Personenkreises hat in den fünf neuen Bundesländern zweifellos zu einem ausgeprägten Bewußtsein für die
rechtliche Gleichstellung von Menschen mit schwersten Behinderungen geführt. Derzeit ist nur noch in einigen alten Bundesländern ein Ruhen der Schulpflicht möglich. Darüber hinaus wird
das Lebens- und Bildungsrecht in der heutigen Zeit massiv durch
die „Lebenswert-Diskussion" (Singer 1984) und die „Früheuthana-
sie" in Frage gestellt.

Die Aufnahme schwerstbehinderter Kinder bedeutete in den
80er Jahren für die Schulen für Körperbehinderte eine große Herausforderung und Umorientierung. Diese Kinder stellten unser
Verständnis von Schule, unser Selbstverständnis als Lehrerin in
Frage. Es war ein Akt der Öffnung von Schulen: ein Akt der Integration.

Die Beschulung schwerstbehinderter Kinder und Jugendlicher
war verbunden mit der Einrichtung von Sonderklassen für diesen Personenkreis. Ohne Frage war dies ein erster notwendiger
Schritt, um das Recht auf Bildung einzulösen. Hier wurden kleinere Lerngruppen gebildet mit einem günstigeren Personal-
schlüssel. Die Räume wurden mit speziellen Spiel- und Anregungs-
materialien ausgestaltet, Sanitärräume wurden angegliedert. Von
Vorteil ist, daß der Ablauf des Schultages, insbesondere die er-
forderlichen Ruhephasen, auf die besonderen Belange schwerstbehinderter Kinder ausgerichtet werden kann.

Als häufiger Kritikpunkt von „Klassen für Schwerstbehinderte" wird genannt, daß den in ihrem Kommunikationsvermögen
erheblich beeinträchtigten Kindern die Anregungen fehlen, die
ihnen durch weiterentwickelte Kinder geboten werden können.
Darüber hinaus wird die physische und psychische Belastungssituation von ausschließlich in der Förderung schwerstbehinderter
Kinder arbeitenden Fachkräften häufig diskutiert (Hedderich
1991, 1997b,c).

In den zwei eigenen Untersuchungen zur schulischen Situation (1989) und zur beruflichen Belastungssituation (1995) konnten die körperlichen Belastungen, die sich in der schulischen Arbeit mit schwerstbehinderten Schülern ergeben, deutlich festgehalten werden. Rund 1½ Stunden täglich sind notwendig, um ein
schwerstbehindertes Kind zu füttern und zu pflegen. In dieser
Angabe sind Aktivitäten der Förderpflege nicht enthalten. 91 %

der Schüler (n=350 im Alter von 6–25 Jahren) mußten gefüttert werden (Hedderich 1991). Die körperliche Belastungssituation wird auch durch folgende Äußerung einer Lehrerin im Rahmen eines Intensivgespräches prägnant belegt. „Wenn ein Team-Mitglied krank ist, entsteht doppelte Arbeit, die keiner leisten kann. Dann wird nur noch Pflege verlangt. Heben und tragen, wo zu wenig Hilfe da ist, das ist unerträglich" (Hedderich 1997b, 97).

Organisationsformen

Auf der Grundlage der genannten Diskussionspunkte (anregendes Lernklima, körperliche Entlastung) wurden Kinder und Jugendliche mit schwersten Behinderungen seit Ende der 80er Jahre in zunehmender Zahl in die übrigen Klassen in den einzelnen Sonderschulen eingegliedert. Über die Frage der Beschulung in homogenen oder heterogenen Lerngruppen wird sowohl auf der Ebene der Schulpraxis als auch in der entsprechenden sonderpädagogischen Literatur heftig und kontrovers diskutiert. Nach wie vor existieren in der Praxis beide Organisationsformen. In diesem Zusammenhang haben sich Konzeptionen bewährt, die aus einem täglich mehrmaligen Wechsel zwischen heterogener Großgruppe und homogener Kleingruppe bestehen. Bedeutsam ist, Kindern mit einer schwersten Behinderung das Anregungspotential von sprechenden Kindern zukommen zu lassen, ohne ihre individuellen Bedürfnisse zu vernachlässigen.

Die Integrationsbewegung, die Ende der 70er Jahre einsetzte, bezieht auch schwerstbehinderte Kinder und Jugendliche in das gemeinsame Leben und Lernen innerhalb der allgemeinen Schulen ein. Zunächst wurde dieses Anliegen als bildungspolitische Forderung im Sinne von „Überlegungen zu einem unvorstellbaren Thema" (Hinz 1991) formuliert. Als zentrale Argumentation gilt hierbei die Formel von Feuser (1997) „Integration ist unteilbar". Hiermit soll verhindert werden, daß ein bestimmter Personenkreis als „nichtintegrationsfähig" ausgeschlossen wird.

Integration

Die Erprobung und Umsetzung Gemeinsamen Unterrichts von nichtbehinderten Kindern und schwerstbehinderten Kindern befindet sich erst in einer Anfangsphase (Hinz 1991). In Deutschland besuchen in den 90er Jahren nicht mehr als 10 schwerstbehinderte Kinder eine Grundschule bzw. die Sekundarstufe I (Hinz 1991, Hetzner und Podlesch 1997). Ein spezieller Schulversuch findet in Berlin statt. Wenn schwerstbehinderte Kinder in Integrationsklassen aufgenommen werden, muß ihren bereits skizzierten speziellen Förderbedürfnissen entsprochen werden. Zunächst ist an dieser Stelle die personelle, räumliche und materialbezogene Ausstattung zu nennen.

förderliche Rahmenbedingungen

Für die Integration schwerstbehinderter Kinder ist es notwendig, ein ausgeglichenes Wechselspiel zwischen gemeinsamen und individuellen Situationen zu gestalten, zwischen Situationen der

Anregung und der Ruhe; Situationen, die sowohl Isolation als auch Reizüberflutung vermeiden. Aufgabe und Herausforderung integrativer Beschulung bestehen darin, schwerstbehinderten Kindern das Anregungspotential einer heterogenen Gruppe zukommen zu lassen, ohne ihre individuellen Bedürfnisse zu vernachlässigen. Es ist wünschenswert, integrativen Unterricht nichtbehinderter und schwerstbehinderter Kinder in weiteren Schulversuchen zu dokumentieren und zu analysieren.

Der organisatorische Rahmen schulischer Förderung (Abb. 11) von Kindern mit schwersten Behinderungen läßt sich wie folgt zusammenfassen: Jedes Kind, sei es auch noch so schwer behindert, hat ein Recht auf schulische Förderung. Die Institution Schule befindet sich in ständiger Verantwortung für jedes Kind. Die Möglichkeit, Hausunterricht zu erteilen anstatt das Ruhen der Schulpflicht auszusprechen, sollte stärker berücksichtigt werden. Eine „Massierung von Kindern mit schwersten Behinderungen" in nur einer Schulform ist abzulehnen, da hierdurch die Bildung sogenannter „homogener Schwerstbehindertengruppen" begünstigt wird. Es besteht die Gefahr, daß „Schulen für Schwerstbehinderte" entstehen. Intention ist es, „das Recht auf schulische Förderung" für alle Kinder mit schwersten Behinderungen einzulösen.

Zusammenfassung

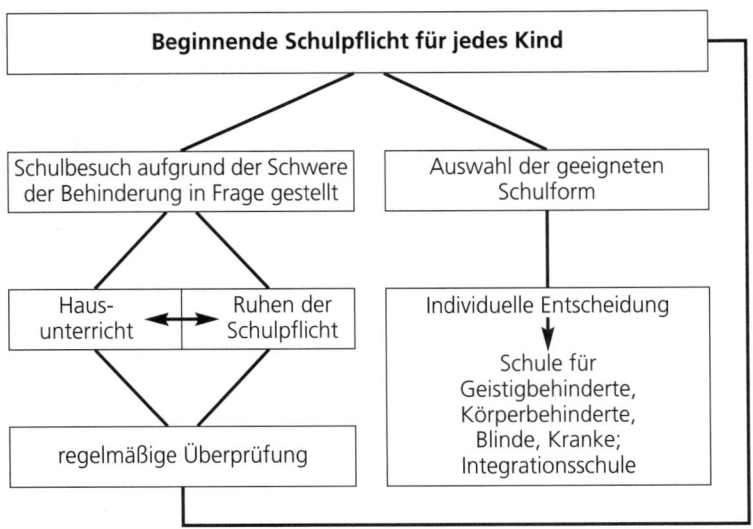

Abb. 11:
Organisatorischer Rahmen der schulischen Förderung
(Hedderich 1997a, 107)

Grundlagen der Förderung

Sehr viele Menschen mit schwersten Behinderungen zeigen uns kein eindeutiges Sprachverständnis, und ihre Äußerungen über den Körper, über Gestik, über Mimik, über Laute sind gerade zu Beginn einer Förderung für uns nur sehr schwer zu verstehen und erzeugen zwangsläufig Unsicherheit. Es gibt nur sehr wenige Menschen mit schwersten Behinderungen, deren Kompetenzen sich im Lauf der Entwicklung deutlich differenzierter ausprägen. Dies sind z. B. Menschen mit einer schwersten cerebralen Bewegungsstörung und Sprechunfähigkeit, die aber gutes Sprachverständnis und kognitive Kompetenz entwickeln können. Im Mittelpunkt dieses Kapitels steht die erstgenannte Gruppe. Für die zweite Gruppe ist in den letzten Jahren der Ansatz der „Unterstützten Kommunikation" entwickelt worden (Kapitel 7).

Förderbedarf Kinder und Jugendliche mit schwersten Behinderungen haben in der Regel einen intensiven und elementaren Förderbedarf in den zentralen Lebensbereichen (Abb. 12).

Grundversorgung: Dauerhaft auf die Pflege durch Mitmenschen angewiesen. Notwendig sind: Zeit, Raum und Material.

Ernährung: Es ist Hilfe bei der Nahrungsaufnahme notwendig. Eine vertrauensvolle Beziehung ist die Basis.

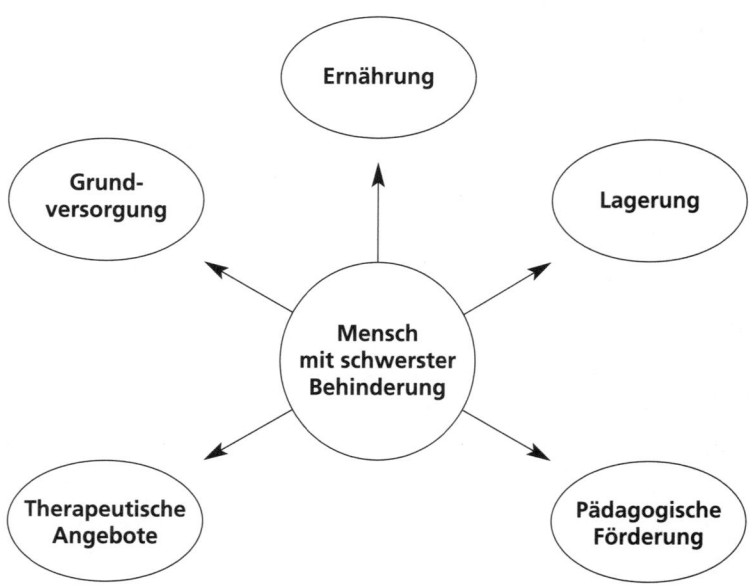

Abb. 12: Förderbedarf

Lagerung: Die Lage kann häufig nicht selbständig verändert werden. Lagerungshilfen und bewegungsunterstützende Maßnahmen sind notwendig, um die Umwelt wahrzunehmen und ihr begegnen zu können.

Therapeutische Angebote: Notwendig ist eine enge Verbindung zwischen Pädagogik und Therapie (Hedderich/Dehlinger 1998). Insbesondere bewegungsunterstützende Maßnahmen müssen sinnvoll in das Fördergeschehen integriert werden.

Pädagogische Förderung: Notwendig ist ein strukturiertes Angebot, welches speziell auf die elementaren Förder- und Lernbedürfnisse von Menschen mit schwersten Behinderungen ausgerichtet ist.

Die Förderung schwerstbehinderter Menschen besteht aus einem ausgeglichenen Wechselspiel verschiedener wichtiger Lebenssituationen: Nahrungsaufnahme, Pflege, Lagerung, Therapie, Rhythmisierung des Tagesablaufes, Einzelförderung und Gruppenaktivität.

Das Förderbeispiel „Unser Morgenkreis mit einem Musikinstrument" (Hedderich 1994c) wird Ihnen die schulische Arbeit mit diesem Personenkreis veranschaulichen.

Einführung

Der Morgenkreis ist ein fester Bestandteil des Schultages in der Arbeit bei schwerster Behinderung. Hier ergibt sich für die Schüler die Möglichkeit, sich sowohl in der Gruppe zu erleben als auch individuelle Zuwendung zu erfahren. Darüber hinaus ist diese bewußt gestaltete Anfangssituation ein deutliches und immer wiederkehrendes Signal für den Beginn des Schultages. Die Verwendung von Musikinstrumenten ermöglicht bei individueller Hilfestellung eigenständiges Handeln. Intention ist, einen Rahmen zu schaffen, in dem die Schüler sich wohl fühlen können und zur Eigenaktivität angeregt werden. Im folgenden wird solch eine Morgenkreissituation beispielhaft dokumentiert.

Beschreibung der Klassensituation

Zur Zeit befinden sich in dieser Klasse sieben Schüler (drei Mädchen und vier Jungen). Bis auf einen Schüler (Andreas) sind alle Schüler schon seit einem längeren Zeitraum (vier Jahre) in dem Klassenverband. Diese Klasse ist als sogenannte „homogene Schwerstbehindertenklasse" zu bezeichnen (Ziehen Sie die Argumente für und gegen eine homogene Gruppe noch einmal zum Vergleich heran!). Kein Schüler und keine Schülerin dieser Klasse verfügt über aktive Sprache. Im Hinblick auf das Sprachverständnis lassen sich die Schüler grob in zwei Gruppen einteilen:

- Kinder, die für ihre Bezugsperson noch kein deutlich erkennbares Sprachverständnis zeigen, deren Sprachverständnis eingebunden ist in den situativen Kontext (Sonja, Peter, Markus und Tobias);
- Kinder, die für ihre Bezugsperson ansatzweise deutlich erkennbares Sprachverständnis zeigen, d. h., Gegenstände können voneinander unterschieden

werden, und dies wird eindeutig sprachlich oder nichtsprachlich ausgedrückt (Silke, Sabine und Andreas).

- Alle Kinder sind in der Lage, elementare Bedürfnisse über Weinen, Lachen und Schreien zum Ausdruck zu bringen. Drei Kinder (Sabine, Silke und Andreas) können darüber hinaus ihre motorischen Fähigkeiten (z. B. Greifen) als Ausdrucksmittel einsetzen.
- Alle Kinder sind auf den Rollstuhl angewiesen. Einigen Kindern ist aufgrund des Ausmaßes der motorischen Bewegungsbeeinträchtigung keine selbständige Fortbewegung möglich (Sabine, Thomas und Andreas). Zwei Kinder können den Rollstuhl selbständig fortbewegen (Sabine, Silke). Den beiden genannten Mädchen sowie einem weiteren Schüler (Andreas) ist auch Krabbeln und Rutschen möglich.
- Alle Schüler dieser Klasse werden nach den Richtlinien für Schwerstbehinderte gefördert. Für zwei Schüler (Sonja, Peter) beginnt der Schultag aufgrund der Halbtagsbeschulung erst um 8.45 Uhr. Ein Schüler (Andreas) ist nach einer Operation längerfristig erkrankt.

Lernvoraussetzungen der Schüler

Silke reagiert auf Ansprache mit Blickkontakt und nimmt Berührungskontakt zur Bezugsperson über ihre Hände auf. Ihre Stimmungslage ist wechselhaft, wobei sie eine positive Stimmung durch Lachen und Klatschen ausdrückt und ihrem Unbehagen durch eine veränderte Körperhaltung (Kopf- und Oberkörper wegdrehen, strampeln mit den Beinen) Ausdruck verleiht. Sie ist in der Lage, einfache Anweisungen selbständig in Handlungen umzusetzen. Silke vollzieht häufig stereotype Bewegungsabläufe mit ihren Händen, z. B. dreht sie beide Hände in schneller Abfolge vor ihrem Körper hin und her. Silke nimmt von sich aus bei entsprechender Lagerung Berührungskontakte über ihre Hände zu Mitschülern auf.

Andreas zeigt eine stark schwankende Grundbefindlichkeit. Er trägt ein Korsett und Beinschienen, die ihn in seiner Körperwahrnehmung und seinen Aktivitäten einschränken und seine Aufmerksamkeit binden. Es gibt Situationen, in denen er dem Unterrichtsgeschehen aktiv folgt. Er kann kurzzeitig Blickkontakt aufnehmen und selbständig nach angebotenen Materialien greifen. Freude drückt er durch Lächeln und durch Lautproduktion aus. Auf der anderen Seite kann seine Aufnahmebereitschaft so weit eingeschränkt sein, daß er ausschließlich auf sich selbst bezogen bleibt. In diesen Situationen kann Andreas folgende stereotype Handlungen zeigen: den Oberkörper rhythmisch vor und zurück bewegen, den Kopf in den Nacken werfen, die Hände hin und her bewegen, an den Händen lutschen und in die Hände beißen. Andreas nimmt selbständig Körperkontakt zu seinen engsten Bezugspersonen auf. Hierbei signalisiert er immer deutlicher sein Bedürfnis nach körperlicher Zuwendung, indem er die Hand der Bezugsperson an seinen Nacken führt als direkte Aufforderung, hier gestreichelt und gekrault zu werden.

Sabine reagiert auf Ansprache und nimmt von sich aus zu Bezugspersonen und Mitschülern Blick- und Körperkontakt auf. Sie befolgt verbale Aufforderungen. Sabine beschäftigt sich eigenaktiv mit Objekten und Materialien. Sabine drückt ihren Unmut zum Teil durch Schreien, durch inadäquates Umgehen mit Materialien (z. B. Schmeißen von Gegenständen) und unsanfte Berührungskontakte zu Mitschülern aus.

Tobias' Grundbefindlichkeit wird durch eine Verschleimung der Atemwege oftmals stark beeinträchtigt. Häufig kann eine deutliche Verbesserung herbeigeführt werden, nachdem er zu Beginn des Schultages ein Getränk erhalten hat. Bei guter Grundbefindlichkeit ist er in der Lage, auf Ansprache mit Blickkontakt zu reagieren. Tobias kann Freude durch Lachen und Strampeln mit den Beinen zum Ausdruck bringen. Er führt die Hände von sich aus zu den Materialien. Je nach Tonuslage (Grundtonus hypoton) benötigt er Hilfestellungen, um Tasterfahrungen zu sammeln. Bei entsprechender Lagerung nimmt Tobias selbständig Kontakt zu Mitschülern über seine Hände auf.

Didaktisch-methodische Überlegungen zur Planung des Morgenkreises

Die Richtlinien zur Förderung schwerstbehinderter Schüler geben als pädagogischen Auftrag und Ziel der Schule an, jedem Schüler zu dem im Rahmen seiner Behinderung möglichen Maß an Selbstverwirklichung in sozialer Integration zu verhelfen. Die Voraussetzungen zur Interaktion mit der Mit- und Umwelt sind bei allen vier Schülerinnen und Schülern sehr unterschiedlich, wie die vorausgehende Analyse der Lernvoraussetzungen gezeigt hat.

Der Morgenkreis ist ein unterrichtliches Element, welches den Schultag rhythmisiert. Der gesamte Unterricht ist als regelhafte Abfolge zwischen Gruppensituation, Lagewechsel, Einzelsituation, Pause, Füttern, Pflege konzipiert und soll den Schülern eine Orientierung ermöglichen. Am Beginn und am Ende des Schultages steht jeweils eine Gruppensituation (Morgenkreis – Meditation). Während des Morgenkreises, der von mir zweimal pro Woche durchgeführt wird (zwölf Stunden Unterricht pro Woche in dieser Klasse), stehen folgende Intentionen im Mittelpunkt:

- sich selbst als Persönlichkeit erleben, verbalisieren vermuteter Gemütsverfassungen, Fragen nach dem Empfinden, Aufbau einer Beziehung, erkennen und verstehen der individuellen Ausdrucksmöglichkeiten,
- sich in der Gemeinschaft erleben, Berührungskontakte zu Mitschülern anbahnen bzw. vertiefen (steht im Zusammenhang mit der Meditationsphase, die den Tagesablauf abschließt; hier werden die Schüler so gelagert, daß sie selbständig Körperkontakt zu ihren Mitschülern aufnehmen können),
- die eigenen Handlungsmöglichkeiten erleben, eigenständig agieren, Prozesse selber auslösen.

Im Verlauf des bisherigen Unterrichts wurden im Lernbereich „Morgenkreis" folgende thematische Schwerpunkte gesetzt:

- Dinge, mit denen wir täglich umgehen,
- Geräusche und Stimmen und Musikinstrumente.

Als Ablauf wurde hierbei folgende Reihenfolge entwickelt:

- Begrüßung (zwischen Lehrerin und Schülern und zwischen Schülern untereinander),
- Präsentation eines Gegenstandes unter einem Tuch,
- Demonstration des Gegenstandes (z. B. Musikinstrument erklingen lassen),
- Kinder ihre individuellen Aktionsmöglichkeiten erleben lassen, Verdecken und Wegstellen des Unterrichtsgegenstandes.

Im Morgenkreis standen bisher folgende Musikinstrumente im Mittelpunkt: Akkordeon, Mundharmonika, Flöten, Geige und Glockenspiel. Das Zupfinstrument „Leier" berücksichtigt die Aktionsmöglichkeiten der Schüler. Auf der einen Seite können alle Schüler entweder selbständig oder mit Hilfestellung die Seiten durch Zupfen zum Erklingen bringen, auf der anderen Seite können sie die Schwingungen über den Resonanzboden, aber auch am eigenen Körper spüren. In den zwei vorangegangenen Stunden wurde die Leier als Instrument eingeführt, mit dem sich eigenaktiv handeln läßt. In dieser Stunde nun sollen die Aktionsmöglichkeiten der Schüler vertieft werden.

Die Kinder kennen den Ablauf des Morgenkreises, der von Beginn des Schuljahres an entwickelt wurde. Sabine und Silke sind neugierig, was unter dem Tuch versteckt sein könnte, und decken immer öfter das jeweilige Instrument auf. Auch die anderen Kinder sind an den verschiedenen Klängen interessiert und zeigen dies deutlich durch Fixieren, Veränderung der Atmung, Kopfhinwenden, Veränderung der Mimik, Greifenwollen und Rufen. Die einzelnen Schüler haben verschiedene Weisen entwickelt, sich mit den Instrumenten auseinanderzusetzen:

- Tobias bewegt seine Finger, schafft es manchmal zu zupfen, erfühlt die Vibrationen,
- Andreas beklopft, tastet, steckt in den Mund, zupft, benutzt einen Schlegel,
- Silke kennt viele Instrumente und deren Handhabung,
- Sabine bleibt inzwischen fast immer im Morgenkreis sitzen, nachdem sie im ersten Halbjahr sehr oft in den Kreis zurückgefahren werden mußte, wenn sie ihn durchbrach, um mit anderen Dingen zu spielen (z. B. Wasserhahn aufdrehen); manchmal überwindet sie ihre Angst vor fremden Gegenständen und berührt ein Instrument von sich aus.

Der Morgenkreis kann zu diesem Zeitpunkt nur für vier Schüler dieser Klasse durchgeführt werden (s. Beschreibung der Klassensituation, S.79). Aus diesem Grund erhalten zwei Schüler einen individuellen Morgenkreis zur gleichen Thematik in einem separaten Raum, durchgeführt von den beiden anderen Mitarbeiterinnen dieser Klasse.

Zielvorstellungen für die Durchführung des Morgenkreises
Bezug Richtlinien:

I. die Fähigkeit, in der Gemeinschaft zu leben,
II. die Fähigkeit, über den Körper die eigene Person zu erfahren,
III. die Fähigkeit, Beziehungen zur Umwelt aufzunehmen und sich zurechtzufinden.

Individuelle Zielsetzungen

Die Schüler sollen ihre direkte Beziehungsfähigkeit erfahren und erweitern. Sie sollen lernen, Blick- und Körperkontakt zur Bezugsperson und zu Mitschülern aufzubauen. Die Schüler sollen entsprechend ihren motorischen Möglichkeiten Klänge erzeugen und in die Klangerzeugung einbezogen werden. Die Schüler sollen ihre eigenen Aktionsmöglichkeiten erfahren und sich selbst als Verursacher bei der Klangerzeugung erleben.

Tab. 4: Verlaufskizze des Morgenkreises

Lern-situation	Erfahrungs- und Handlungsmöglichkeiten in der Lernsituation	Didaktisch-methodischer Kommentar	Medien
1. Begrüßung	Individuelle Ansprache, Fragen nach der Befindlichkeit, Kontakt unter den Schülern, über Blickkontakt und Hände, Lehrerin als Vermittler	Immer gleicher Tagesbeginn, Rhythmisierung, Erleben der eigenen Persönlichkeit und des Gegenübers, Anbahnung eines Gruppengefühls, Rollstuhlkreis, Sitzordnung entsprechend den motorischen Möglichkeiten der Schüler, Schüler mit größeren motorischen Aktionsmöglichkeiten neben Schüler mit geringeren	
2. aktive Auseinandersetzung mit dem Musikinstrument „Leier"	Schritte: a Mit Tuch verhüllte Leier wird präsentiert b Lehrerin läßt Leier erklingen c Individuelle Hilfestellungen für jedes Kind bei der aktiven Auseinandersetzung mit der Leier (wahrnehmen, schauen, lauschen, fühlen, greifen, klopfen, Töne erzeugen) d Lehrerin läßt Leier zum Abschluß erklingen, Leier wird verhüllt und weggestellt	Konzentration auf einen Gegenstand, Neugier, Spannung Interesse wecken, Zeit zur Aufmerksamkeit geben, es wird erwartet, daß Silke und Sabine in dieser Situation ein hohes Maß an Eigenaktivität entwickeln (aufgrund ihrer motorischen Möglichkeit), dagegen benötigen Tobias und Andreas je nach Befindlichkeit Hilfestellungen beim Zupfen und Klopfen, das Prinzip des Sprachhandelns gilt für alle genannten Teilschritte, demonstrativer Schlußpunkt für das Kreiserlebnis	Leier, Tuch, Tisch
3. Selbstbeschäftigung, Lagewechsel	Tobias: Bauchlage im Keil, Schultergürtel und Arme frei beweglich, Leier entsprechend fixiert, so daß er selbständig zupfen kann Silke: sitzt auf einem Stuhl am Tisch, erhält eine Leier mit rutschfester Unterlage und einem Bogen Sabine: Toilettengang mit Zivi ca. acht bis zehn Minuten Andreas: Korsett und Schienen ausziehen, Handlungsmöglichkeiten je nach Befindlichkeit: Rücken massieren, Körperkontakt, Zeit geben, für sich allein zu sein	Bewegungserleichternde Position, die Eigenaktivität unterstützt Differenzierung: Erprobung einer weiteren Technik, mit dem Bogen über die Saite streichen Regelmäßige Toilettengänge dreimal täglich zu festgesetzten Zeiten Individuelles Eingehen auf Andreas' Befindlichkeit, Aktivierung, Festlegung bestimmter Situationen mit und ohne Korsett	
4. Abschluß	Entspannte Lagerung zur Pause auf der Matte, Tobias' entspannte Seitlagerung in der Schlange, alle übrigen Kinder frei auf der Matte oder im Raum	Regelmäßiger Rhythmus von Arbeit und Pause	Lagerungsschlange

Ausblick

Als bewußt gestaltete Anfangssituation in der Arbeit bei schwerster Behinderung wurde in diesem Beitrag der Morgenkreis mit einem Musikinstrument vorgestellt. Phasen der gemeinsamen Aktivität sollten von regelmäßig eingeplanten Ruhe- und Entspannungsphasen abgelöst werden. Ebenso ergänzen sich Gruppenerleben und Einzelförderung. Auch für den Schluß des Schultages bietet sich die Kreissituation an. Sie rhythmisiert den Tagesablauf und läßt für die Schüler Anfang und Ende des Schultages deutlich in Erscheinung treten.

Kommunikative Förderung

Bei allen Kindern, die Sie in der Unterrichtssituation kennengelernt haben, war das Sprachverständnis unklar. Um hervorzuheben, wie bedeutsam das Erkennen kommunikativer Signale, gerade im Zusammenhang mit kommunikativen Förderungen, ist, möchte ich die eigene Erhebung zum Stand kommunikativer Förderung nennen (Hedderich 1991). Ich befragte 259 sich in der Arbeit mit schwerstbehinderten Kindern, Jugendlichen und Erwachsenen befindende Bezugspersonen in verschiedenen Sonderschulen, Psychiatrien und Heimen zu den kommunikativen Fähigkeiten der behinderten Menschen und zur Durchführung kommunikativer Förderungen. Als zentrales Ergebnis konnte ein deutlicher Zusammenhang zwischen den kommunikativen Fähigkeiten und der Durchführung kommunikativer Förderungen festgehalten werden. Die anschließend durchgeführten Intensivgespräche konkretisierten diese Ergebnisse. Der „kommunikative Zugang" zu einem Menschen mit schwerster Behinderung, das Verstehen der nichtkonventionellen Ausdrucksmöglichkeiten ist eine entscheidende Einflußgröße für die Durchführung kommunikativer Förderung.

Die „gestörte Basis kommunikativer Förderung" (Hedderich 1991) läßt sich aus der Perspektive des behinderten Menschen verstehen als ein Sich-nicht-verstanden-Fühlen in seiner sehr persönlichen unkonventionellen Art des Ausdrucks und ein Sich-nicht-verständlich-machen-Können. Die Bezugsperson ist irritiert. Sie versteht den behinderten Menschen nicht und kann sich ihrerseits durch konventionelle Zeichen nicht verständlich machen. Dieser Wechselwirkungsprozeß läuft auf eine „gestörte Basis kommunikativer Förderung" hinaus.

Beziehungsaufbau   Gerade zu Beginn der Förderung muß deshalb der Aufbau einer Beziehung stehen, der Dialog, der Versuch, die individuellen Signale des Menschen mit Behinderung zu verstehen. Es gilt, die anfängliche Beziehungsstörung, d. h. die „gestörte Basis kommunikativer Förderung", durch einen „elementaren Dialog" zu

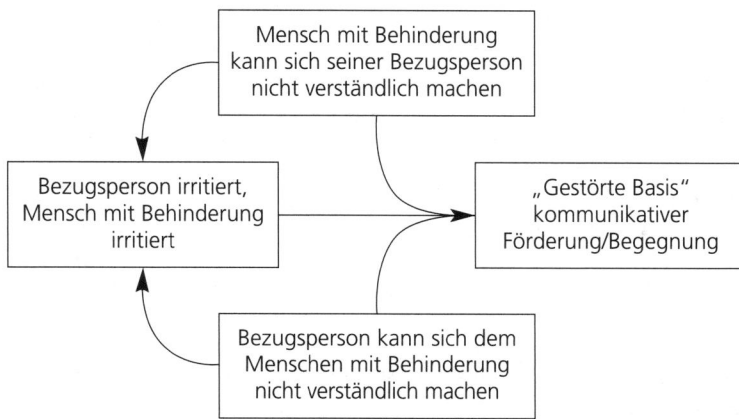

Abb. 13:
Veränderte
Kommunikation
zwischen Mensch
mit Behinderung
und Bezugsperson

überwinden. Für die Bezugsperson ist auch eine anthropologische Auseinandersetzung notwendig, insbesondere mit der Sinnfrage.

Hier sind sogenannte „leiborientierte Ansätze" (Pfeffer 1988) aus der Geistigbehindertenpädagogik hilfreich, die durch dezidierte philosophische Weltauslegungen der Sinnfrage nachgehen. Im Mittelpunkt steht der unmittelbare leibliche Kontakt zwischen Erzieherin und zu Erziehendem. Es gilt, den Menschen mit schwerster Behinderung zu verstehen und zu erkennen, mit welchen leibgegebenen (urmenschlichen) Möglichkeiten er in Beziehung mit der Welt tritt. Der Leib wird als etwas Gemeinsames angesehen, das zwischen den Menschen vermitteln kann.

Grundlage der kommunikativen Förderung sind das körperliche Wohlbefinden des behinderten Menschen und die zuverlässige Versorgung primärer Bedürfnisse. Erst auf dieser Grundlage kann eine tragfähige Beziehung aufgebaut werden, die wiederum Erfahrungen mit der Um- und Mitwelt ermöglicht.

In der kommunikativen Begegnung zwischen Bezugsperson und Mensch mit Behinderung gilt es zunächst, die individuellen Zeichen zu erkennen und zu übernehmen. Hierbei darf nicht vergessen werden, daß ein Lachen oder ein veränderter Gesichtsausdruck als individuelle Reaktion oder Aktion schon ein deutlicher Ausdruck einer Beziehung sind und somit als Erfolg zahlreicher intensiver Förderbemühungen angesehen werden können. Als langfristiges Ziel kann erst im Rahmen der weitergehenden Förderung eine Parallelisierung mit konventionellen Zeichen erfolgen. Sie erst ermöglichen dem behinderten Menschen eine differenzierte Erfassung des eigenen Selbst und seiner Beziehung zu anderen Personen.

Grundannahme ist: Jeder Mensch ist kommunikativ und fähig, sich seiner Umwelt mitzuteilen. Wir müssen die individuellen Ausdrucksmöglichkeiten erkennen und ihnen im unmittelbaren, leiblichen Kontakt begegnen. Unser Ziel muß es aber auch sein, allgemein verständliche Kommunikationsformen zu finden, die dem Menschen helfen, sich seiner Mitwelt möglichst gut verständlich mitzuteilen.

Jegliche kommunikative Förderung muß an den kommunikativen Möglichkeiten des Menschen ansetzen und ist zwangsläufig so vielfältig, wie es die jeweilige individuelle Persönlichkeit des Menschen mit Behinderung erforderlich macht.

Zusammenfassend Schwerpunkte der Gestaltung kommunikativer Förderungen sind:

- Aufbau einer elementaren Beziehung, Erkennen und Verstehen der individuellen Ausdrucksmöglichkeiten, elementare körpernahe Dialoge.
- Förderung des Sprachverständnisses, sprachliches Begleiten der eigenen Handlungen besitzt hohe kompensatorische Bedeutung und muß die eingeschränkten Handlungsmöglichkeiten kompensieren, Handlungssituationen schaffen, die für den Menschen mit Behinderung sinnvoll sind.
- Vereinbarung und Beachtung von konventionellen Zeichen (insbesondere für „Ja", „Nein"), Entscheidungssituationen schaffen, Entscheidungshilfen geben.
- Aufbau eines differenzierten Ausdrucksrepertoires, gebunden an den Einsatz technischer Kommunikationshilfen.

Fallbeispiel: Kommunikative Förderung

Ein Beispiel wird Ihnen die Grundgedanken der kommunikativen Förderung veranschaulichen.

Beschreibung der Schülerin und ihres Umfeldes

Jutta ist 11 Jahre alt, besucht eine Schule für Körperbehinderte und lebt in einem Kinderheim. Durch eine spastische Tetraplegie ist sie auf den Rollstuhl angewiesen. Bewegungen der Arme sind ihr kaum möglich. Jutta verfügt nicht über aktive Sprache. Ihr Sprachverständnis ist unklar. Sie ist jedoch schon gelegentlich in der Lage, ihre Wünsche über Lachen zum Ausdruck zu bringen. Im Verlauf der bisherigen Förderung ist von der Lehrerin zunächst versucht worden, das Maß an Entscheidungsfähigkeit durch häufige Entscheidungssituationen zu erhöhen. Oft wirkte Jutta jedoch sehr desinteressiert und teilnahmslos.

Konzipierter Förderansatz

Im Mittelpunkt der Förderung steht zunächst das Erleben der eigenen Persönlichkeit und der Handlungsfähigkeit von Jutta. Darüber hinaus versucht die Lehrerin, Jutta als Person einfühlsam wahrzunehmen. Die Förderung ist auf verschiedene Schwerpunktsetzungen ausgerichtet.

• Sich selbst als Persönlichkeit erleben: Erfahren der eigenen Person über alle Sinneskanäle, Verbalisieren ihrer vermuteten Gemütsverfassung, Frage nach ihrem Empfinden, Freude entwickeln an eigenen Handlungen (Anbieten eines Kassettenrekorders mit großen Tasten als Möglichkeit, eigenständig zu agieren, Prozesse selber auszulösen).

• Die Mitschüler erleben: Behutsames Zusammenlegen mit ihren Mitschülern, so daß Jutta über ihren Körper Kontakt aufnehmen kann.

• Den eigenen Körper wahrnehmen: Erfahren des eigenen Körpers und des engen Körperkontaktes zur Bezugsperson – Massage, meditative Körpererfahrung zur Musik, optisches Erleben des eigenen Körpers (Arbeit vor dem Spiegel, Hervorheben von Juttas Persönlichkeitsmerkmalen), Benennen der einzelnen Körperteile, Kennenlernen ihrer Funktionen.

• Sprachverständnis und Ausdrucksfähigkeit: Weitere Anbahnung einer Ja-Reaktion (Lachen bei Anlässen, die sich auf Bedürfnisse und Wünsche beziehen, weitere Mitteilungsmöglichkeiten – Kopfnicken evtl. einführen und mit Jutta ausprobieren), Erschließen von Nein-Reaktionen durch abwehrende Verhaltensweisen von Jutta, die dann jeweils so verbalisiert werden (heißt das nein, wenn Du Dich jetzt wegdrehst und den Daumen in den Mund nimmst?), evtl. Festlegen eines Verhaltensmusters für nein, passive Wortschatzerweiterung (Verbalisieren aller Handlungsabläufe, Benennen von Körperteilen, Alltagsgegenständen, Stimmungen, Besprechung von Bilderbüchern, Geschichten erzählen).

Verlaufsbeschreibung

Situation 1

Jutta und ihre Lehrerin sitzen gemeinsam auf einer Rolle vor dem Spiegel. Ein Sitzhaltegurt, der beide im Beckenbereich miteinander verbindet, gibt Stütze und Sicherheit, um mit einer Puppe arbeiten zu können. (Als Sitzhaltegurt läßt sich ein als Dreieck gefaltetes Baumwolltuch verwenden.) Die Puppe wird auf eine Rolle gesetzt, die einzelnen Kleidungsstücke werden betrachtet, angefaßt, verbalisiert und mit denen von Jutta verglichen. Anschließend werden der Puppe die einzelnen Kleidungsstücke ausgezogen. Hierbei unterstützt und stabilisiert die Lehrerin von hinten die Armbewegungen von Jutta, so daß sie möglichst selbständig greifen kann. (Die Rolle ermöglicht eine gute, enge Sitzposition. Der Spiegel gibt auch der Lehrerin eine Rückmeldung über die ausgeführten Handlungen.) Es dauert insgesamt 15 Minuten, bis Jacke, Hose und Strümpfe ausgezogen sind. Jutta wirkt hierbei konzentriert, aktiv und angestrengt.

Verlaufsbeschreibung

Situation 2

Jutta wird seitlich in einer Schlange gelagert. Die Puppe wird ihr gegenüber gelegt und mit einem Sandsäckchen fixiert. Jutta beginnt, die Puppe an den Haaren und am Körper anzufassen.

Ausblick

Dargestellt wurden zwei typische Situationen, in denen es Jutta ermöglicht wird, möglichst eigenständig zu agieren. Darüber hinaus ist der Einsatz eines großen Schalters geplant, den sie trotz ihrer motorischen Beeinträchtigung durch ein Auflegen der Hand bedienen kann. Durch den Anschluß eines Massagegerätes, welches sie über den Schalter mit Hilfestellung bedient, kann sie sich als Verursacherin einer Handlung erleben und direkt die Auswirkungen ihrer Handlung spüren. Darüber hinaus sollen auch andere Medien angeschlossen werden. So läßt sich z. B. ein Radio anschließen, das selbständig ein- und ausgeschaltet werden kann, um Musik zu hören. Im weiteren Verlauf der Förderung liegt ein deutlicher Schwerpunkt auf der Entwicklung von Individualität und Handlungsfähigkeit.

Entscheidungsmöglichkeiten (z. B. über alternative Förderangebote) werden häufiger in das Alltagsgeschehen eingebunden. Über den gesamten Förderzeitraum von fast zwei Jahren läßt sich sagen, daß die Häufigkeit an eindeutigen Ja-Reaktionen über Lachen leicht zugenommen hat. Welches Ausmaß an Entscheidungsfähigkeit auf welcher Ausdrucksebene Jutta einmal erwerben wird, ist zum gegenwärtigen Zeitpunkt noch nicht abzusehen. Das Interesse an den gemeinsam gestalteten Fördersituationen läßt aber erkennen, daß sich Jutta und ihre Lehrerin auf dem richtigen Weg befinden.

Konzepte der Förderung

Überblick

Es liegen zahlreiche Konzeptionen vor, die eigens für diesen Personenkreis entwickelt wurden. In der praktischen Förderarbeit dominieren Konzepte, die bemüht sind, dem Kind, Jugendlichen oder Erwachsenen auf einer sehr frühen Entwicklungsstufe basale Anregungen zu geben. Dies geschieht auf der einen Seite unter Bezugnahme auf entwicklungspsychologische Entwicklungsmodelle (Haupt/Fröhlich 1982) und auf der anderen Seite durch die Einbindung von anthropologischen Gesichtspunkten (Breitinger/Fischer 1981). Insgesamt sind alle Ansätze um eine ganzheitliche Entwicklungsförderung bemüht.

Im Gegensatz zu der Konzeptvielfalt im Bereich der Förderung bei schwerster Behinderung allgemein gibt es nur vergleichbar wenige Ansätze, die sich speziell der kommunikativen Förderung zuwenden. Relativ weite Verbreitung hat der Ansatz der „Basalen Kommunikation" (Mall 1984) erfahren. Als Kommunikationskanäle zwischen Bezugsperson und Kind werden Atemrhythmus, Lautäußerungen und Bewegungen angesehen. Die Bezugsperson versucht, sich auf Äußerungen des Kindes einzulassen.

Das Konzept der Basalen Stimulation (Fröhlich 1991) ist das in der Fachliteratur am häufigsten vertretene, aber nicht unumstrittene Konzept. Es entstand im Rahmen eines Schulversuches, welcher 1976 an der Privaten Schule für Körperbehinderte in Landstuhl mit dem Ziel eingerichtet wurde, pädagogische und therapeutische Möglichkeiten für schwerstbehinderte Kinder zu entwickeln und zu beschreiben. Ziel der Basalen Stimulation ist der Aufbau einer Wahrnehmungs- und Bewegungsaktivität, wie sie normalerweise bei einem gesunden Säugling im 4. Lebensmonat anzutreffen ist. Eingebunden ist die Basale Stimulation in eine Konzeption der integrierten und ganzheitlichen Entwicklungsförderung, welche die nächsthöhere Förderstufe darstellt. Basal bedeutet, daß keinerlei Vorkenntnisse und Erfahrungen gefordert werden. Die Förderung ist als Basis der höheren Wahrnehmungsentwicklung anzusehen. Durch den Begriff Stimulation wird ausgedrückt, daß das Kind zunächst überwiegend passiven Reizen ausgesetzt, d. h. stimuliert wird. Entsprechend der Wahrnehmungsentwicklung geht Fröhlich davon aus, daß schwerst-mehrfachbehinderte Kinder zunächst für somatische, vestibulä-re und vibratorische Wahrnehmung ansprechbar sind. Anschlie-ßend entwickeln sich akustische und orale Orientierungen bis hin zu visuellen Wahrnehmungsleistungen. Gemäß der einzelnen Wahrnehmungsbereiche gestaltet sich inhaltlich die Basale Stimu-lation, für die im Rahmen des Projektes zahlreiche Materialien entwickelt wurden. Der Begriff Stimulation trägt die Gefahr in sich, daß die Konzeption zu einem rein mechanistischen Handeln führt. In neueren Publikationen wird bewußt betont, daß Basale Stimulation eingebettet ist in ein Konzept der ganzheitlichen Ent-wicklungsförderung, welches kommunikative Prozesse integriert.

Das Konzept der Basalen Aktivierung (Breitinger/Fischer 1981) ist nicht nur auf den behinderten Menschen ausgerichtet, son-dern auch auf die Veränderung der Mitwelt. Auch sie soll befähigt werden für Austauschprozesse und für die Kontaktaufnahme zu Menschen mit schwersten Behinderungen. Die Abgrenzung der Konzeption zur Basalen Stimulation ist darin zu sehen, daß die Aktivierung über eine Reizstimulation hinausgeht und auch die Wirklichkeit des Kindes mit schwerster Behinderung mit einbe-zieht und anspricht. Als oberstes Ziel wird die Fähigkeit postu-liert, Beziehungen zu knüpfen. Die Konzeption verfolgt die Ab-sicht, ein Lernen auf weiteren Lernstufen in eng umschriebenen Lernaufgaben zu ermöglichen. In der Praxis werden beide An-sätze in Form eines kombinierten Konzeptes (Dank 1992) mit-einander verbunden.

Verschiedene körperorientierte Ansätze (Fikar 1987; Kloster-mann 1985) fassen den Körper als „Basis der Kontaktaufnahme" auf. Es handelt sich hierbei um Pädagogen bzw. Therapeuten, die insbesondere im Bereich von Vollzeitinstitutionen von schwer-wiegenden Irritationen im Verhältnis zu Kindern, Jugendlichen und Erwachsenen mit schwersten Behinderungen berichten.

Das Ehepaar Trogisch entwickelte bereits in den 70er Jahren in der ehemaligen DDR eine Konzeption der „Förderpflege" (1978). Eine Musiktherapie (Vogel 1987, die die pränatale Psy-chologie zum Ausgangspunkt nimmt, wird in einem konzipier-ten „Pränatalraum" realisiert, der als Stimulans, zur Beruhigung, zum Aggressionsabbau und zur Entspannung dient. Der Ansatz ist bemüht, bei Menschen mit schwerster Behinderung in einer mit Wasserbett und Musik ausgestatteten Höhle an eine Präna-talerfahrung anzuknüpfen. Die Kunsttherapie (Lichtenberg 1992) verfolgt die Absicht, mit künstlerisch-ästhetischen Mitteln die Sinn-lichkeit von Menschen mit schwersten Behinderungen anzure-gen. Eine künstliche Traum- und Erlebniswelt erzeugt der aus den Niederlanden stammende Ansatz des „Snoezelen" (Hulsegge/Verheul 1989). Ursprünglich auf die Freizeitgestaltung ausgerichtet, wird es in Deutschland als neue Therapieform vermarktet und soll primäre Sinneserfahrungen ermöglichen.

Viele der genannten Konzeptionen tragen die Gefahr in sich, Menschen mit schwersten Behinderungen in eine passive und reizüberflutende Situation zu versetzen. Auf der Seite der betreuenden und fördernden Bezugspersonen wird der Blick für körpernahe und elementare Dialoge häufig aus dem zentralen Blickfeld geschoben. Eine zusammenfassende und auch kritische Betrachtung der gegenwärtig aktuellen Förderkonzepte gibt Theunissen (1992).

Förderung und Therapie

Im Alltag von Kindern und Jugendlichen mit schwerster Behinderung nimmt die Therapie (gemeint ist eine krankengymnastische Übungsbehandlung) einen zentralen Stellenwert ein. Therapie ist aus dem Alltag nicht wegzudenken. Bei Kindern mit cerebraler Bewegungsstörung besteht aus medizinischer Sicht ein abnormer Muskeltonus. Die krankengymnastische Übungsbehandlung ist unabdingbar, um Sekundärschäden einzugrenzen. Eine optimale Therapie beruht auf folgenden Grundsätzen (Hedderich/Dehlinger 1998, 44):

• Sie geschieht immer im Sinne einer ganzheitlichen Förderung des Kindes.
• Sie richtet sich nach den individuellen Bedürfnissen des Kindes.
• Sie dient der Prophylaxe von Spätschäden.
• Sie fördert die Körperwahrnehmung und -haltung.

Bewegungsunterstützende Maßnahmen sind Gegenstand der krankengymnastischen Therapie. Derartige Maßnahmen müssen aber auch von anderen Berufsgruppen übernommen werden und im Alltag mit Kindern mit schwerster Behinderung Anwendung finden, z. B. bei der Förderung. Durch bewegungserleichternde Maßnahmen werden für Kinder mit schwersten Behinderungen günstigere Ausgangshaltungen geschaffen, damit zielgerichtetere Bewegungen leichter bzw. überhaupt erst möglich werden. Das Ziel der Bewegungserleichterung besteht darin, dem Menschen mit einer Behinderung eine bessere Kopfkontrolle, Arm- und Handbewegungen sowie Auge-Hand-Koordination zu eröffnen. Deutlich wird, daß therapeutische Maßnahmen in das Fördergeschehen integriert werden müssen.

Ziel einer jeden Lagerung ist es, den abnormen Muskeltonus günstig zu beeinflussen und dem Kind je nach Situation durch

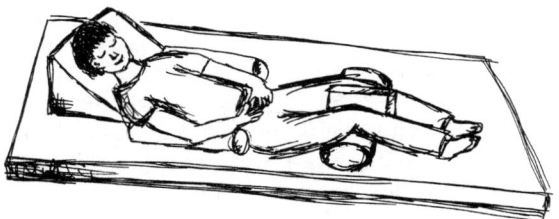

Abb. 14:
Rückenlage: Kopf,
Schulter und Ober-
körper werden in
Mittelstellung
stabilisiert; eine Rolle
erzeugt Beugung in
Hüfte und Knie-
gelenken; erreicht
wird eine reflex-
hemmende und ent-
spannende Lagerung
(Zeichnungen 14 – 25
u. 28 – 30 H. Bach)

die gewählte Lagerungsart Entspannung oder Aktivität zu ermöglichen. Für die Arbeit mit Kindern mit schwerster Behinderung sind in diesem Zusammenhang verschiedene Prinzipien bedeutsam (Hedderich/Dehlinger 1998, 75).

Von grundsätzlicher Bedeutung für die Lagerung ist, daß das
Kind in Bauch- oder Rückenlage symmetrisch, also den Kopf in
Mittelstellung, gelagert wird. So kommt es am wenigsten zu pathologischen Reflexmustern (s. Abschnitt Entwicklung der Motorik, S.17f)). Mit der gleichen Begründung werden Hüfte und
Knie in Beugehaltung gebracht. Beim Sitzen ist darauf zu achten,
daß die Haltung des Kindes stabil ist, es also selbst keinerlei Kraft
aufbringen muß, um die Haltung zu bewahren. Stabilität wird
durch Unterstützung des Rumpfes mit Händen oder Lagerungs-
kissen erreicht. Ansatzpunkte beim Drehen sind die großen Gelenke: Hüfte und Schulter.

Bei jedem Lagewechsel muß Zeit eingeplant werden. Der Ort
der Lagerung muß vorbereitet werden. Das benötigte Lage-
rungsmaterial ist herzurichten, bevor das Kind gelagert wird. Das
Kind muß bequem, schmerzfrei und möglichst anstrengungslos
liegen oder sitzen können. Ein Lagewechsel ist eine Interaktions-
situation zwischen dem Kind und der Lehrerin. Nur im Austausch
kann die Lehrerin erkennen, ob die Lage akzeptiert wird. Beim
Handling ist darauf zu achten, daß das Kind die Hände der Lehrerin deutlich und großflächig auf seinem Körper spürt. Wenn

**Prinzipien
der Lagerung**

Abb. 15:
Seitenlage: Der Kopf
wird stabilisiert, das
obenliegende Bein in
Beugung gelagert,
der obenliegende
Arm hat Bewegungs-
freiheit zum Greifen

ein Kind umgelagert wird, sollte darauf geachtet werden, daß es einen Teil der Bewegungen selbst ausführen kann. Wenn ein Kind gelagert werden soll, so ist körpernah von den Schlüsselpunkten auszugehen: Hüfte und Schulter. Erst anschließend werden fernere Körperteile korrigiert: Ellenbogen, Knie, Hand, Fuß. Die Lagerung sollte nach spätestens 2 Stunden verändert werden, um einen Dekubitus (Druckgeschwür) zu vermeiden.

Die gesamte Lagerung erfolgt nach dem Prinzip: „So wenig wie möglich, so viel wie nötig"(Hedderich/Dehlinger 1998, 75).

Übungsaufgaben zu Kapitel 5

Aufgabe 14

Beschreiben Sie den Personenkreis: „Menschen mit schwerster Behinderung"!

Aufgabe 15

Skizzieren Sie die historische Entwicklung der Aufnahme von Kindern mit schwerster Behinderung in Sonderschulen!

Aufgabe 16

Nennen Sie zentrale Förderbedürfnisse!

6. Übergang in das Erwachsenenleben

Welche Bedeutung haben Studium und spätere Berufstätigkeit für Sie? – Haben auch Menschen mit einer Körperbehinderung oder einer schwersten Behinderung ein Recht auf Arbeit?

Die veränderte Schülerschaft der Schule für Körperbehinderte (Kapitel 4) führt zwangsläufig auch zu einer veränderten nachschulischen Situation. Etwa die Hälfte der Schulabgänger der Schule für Körperbehinderte findet heute einen Arbeitsplatz in der Werkstatt für Behinderte. Eine Berufsausbildung können nur noch 5–10 % aufnehmen (Stadler 1998, 193).

Werkstatt und alternative Formen der Beschäftigung

Die berufliche *Erstausbildung* von Jugendlichen mit einer Körperbehinderung erfolgt vorwiegend in *Berufsbildungswerken*.

Berufsförderungswerke sind überbetriebliche Einrichtungen zur *Umschulung* für Menschen mit einer erworbenen Körperbehinderung, die ihren Beruf nicht mehr ausüben können.

Für die meisten Schüler der Schule für Körperbehinderte ist eine Werkstatt
Arbeitstätigkeit auf dem allgemeinen Arbeitsmarkt keine Zielperspektive (Wilken 1993). Eine *Werkstatt für Behinderte* bietet Menschen einen Arbeitsplatz, deren körperliche, geistige und seelische Schädigung so intensiv ist, daß sie auf dem allgemeinen Arbeitsmarkt nicht tätig sein können. Zunächst wird in dem sogenannten Eingangsverfahren herausgestellt, ob die Werkstatt für Behinderte die geeignete Einrichtung ist. In dem sich anschließenden Arbeitstrainingsbereich werden Maßnahmen zur Verbesserung der Eingliederungsmöglichkeiten in das Arbeitsleben durchgeführt. Die Lehrgänge dauern in der Regel 12 Monate und sollen insbesondere manuelle Fertigkeiten im Umgang mit verschiedenen Werkstoffen vermitteln. Anschließend erfolgt die Eingliederung in den Produktionsbereich. Hier ist ein Mindestmaß an wirtschaftlich verwertbarer Arbeitsleistung zu erbringen (Bundesvereinigung Lebenshilfe für Geistigbehinderte e. V. 1992). Es stehen verschiedene auf manuelle Tätigkeit ausgerichtete Arbeitsbereiche zur Verfügung: Holz, Papier, Metall, Dienstleistungen, Landwirtschaft.

Problematik der Aufnahme von Menschen mit schwersten Behinderungen

Der Personenkreis von Menschen mit schwersten Behinderungen hat auch die Werkstatt für Behinderte vor neue Aufgaben gestellt. Das geforderte Mindestmaß an wirtschaftlich verwertbarer Arbeitsleistung kann in der Regel nicht erbracht werden. Darüber hinaus besteht Pflegebedürftigkeit. Beide Kriterien werden in der Werkstättenverordnung als Aufnahmegrenze in eine Werkstatt für Behinderte genannt. Da die Werkstatt für alle Menschen mit Behinderungen, die nicht auf dem allgemeinen Arbeitsmarkt tätig sein können, eine Beschäftigungsmöglichkeit entbieten soll, wurden ihr *Tagesförderstätten* angegliedert. Menschen mit schwersten Behinderungen erhalten hier strukturierte Angebote zur Förderung und Betreuung. Die pflegerische Versorgung muß gewährleistet sein. Zwischen Tagesförderstätte und Werkstatt für Behinderte soll im Sinne eines „verlängerten Daches der Werkstatt für Behinderte" eine Verbindung bestehen. Im Gegensatz zur Werkstatt für Behinderte haben Menschen mit einer schwersten Behinderung in der Tagesförderstätte keinen arbeitnehmerähnlichen Status. Sie sind weder kranken- noch rentenversichert.

Die Alternative ist häufig ein Leben ohne Arbeit, das ganztägige Leben im Elternhaus oder im Heim. Zum gegenwärtigen Zeitpunkt sind Tagesförderstätten in vielen Bundesländern als die einzige Chance anzusehen, Menschen mit sehr schweren motorischen Beeinträchtigungen ein Arbeitsangebot zukommen zu lassen (Lelgemann 1996).

Die Tagesförderstätte Berlin (Werkstatt für Behinderte mit besonderem Auftrag der Spastikerhilfe) entwickelte zu Beginn der 80er Jahre ein tagesstrukturierendes Angebot für Menschen mit körperlichen Behinderungen, die weder in einer Werkstatt für Behinderte aufgenommen wurden noch auf dem freien Arbeitsmarkt eine Beschäftigung fanden. Die Tagesförderstätte beschäftigt rund hundert Mitarbeiter und Mitarbeiterinnen. Zur Verfügung stehen vier Arbeitsbereiche (Lelgemann 1996, 25):

Keramikwerkstatt: Wanduhren, Spiegel, Teeservice

Textilwerkstatt: Pullover, Schals, Mützen, Socken, Seidenmalerei

Holzwerkstatt: Stühle, Hocker, Tische, Teewagen, Bettgestelle

Bürokommunikation/Computer: Briefe, Speisepläne, Tagesverbrauchspläne, Formblätter, Abrechnungen, Briefpapier

Die Arbeitsplätze werden häufig von Menschen mit sehr schweren motorischen Beeinträchtigungen genutzt. Sie benötigen individuelle Erholungszeiten während des Tagesablaufes und haben einen erhöhten Therapie- und Pflegebedarf. Die Aufnahme in die Tagesförderstätte erfolgt im Rahmen der Eingliederungshilfe gemäß § 39 des BSHG (Bundessozialhilfegesetz). Als Personal stehen zur Verfügung: Erzieherin, Handwerker, Krankengymnastin, Ergotherapeutin. Anliegen ist, durch größtmögliche Individualisierung die Arbeitsplätze so zu gestalten, daß für jeden Menschen mit einer schwersten Behinderung Arbeit möglich wird. Es werden keine Vorbedingungen an bestimmte Fähigkeiten gestellt.

Welche Bedeutung hat Arbeit für einen Menschen mit einer schwersten Behinderung? An dieser Stelle ist es sinnvoll, eine Betroffene, eine junge Frau selbst zu Wort kommen zu lassen. Einen Großteil ihres Lebens verbrachte Frau A. in verschiedenen Krankenhäusern. Förderung fand bei ihr erst im Erwachsenenalter statt. 1980 wurde sie in die Tagesförderstätte der Spastikerhilfe Berlin aufgenommen.

Frage: „Was bedeutet es für Sie, arbeiten zu können?"
Frau A.: „Na, 'ne ganze Menge. Das erfüllt mich mehr als alles andere – als bloß da rumzustehen."
Frage: „War es sehr schwer für Sie, anzufangen zu arbeiten?"
Frau A.: „Ja! ... daß es schwierig war, aber jetzt macht's umso mehr Spaß, wenn man's erst weg hat."
Frage: „Aber am Anfang funktioniert vieles nicht, man versucht es zu machen, und es geht nicht, ist man dann sehr enttäuscht?"
Frau A.: „Dann ist man doch enttäuscht."
Frage: „Und wütend?"
Frau A.: „Ja, auch das."
Frage: „Was muß man sich selber vornehmen?"
Frau A.: „Selber – also selber ausprobieren, daß sie es selber ausprobieren müssen."
Frage: „Und den Mut nicht verlieren?"
Frau A.: „Genau!"   (Hoffrichter 1994, 13)

Neue Formen der Beschäftigung für Menschen mit Körperbehinderungen werden auch durch *Selbsthilfefirmen* geschaffen. Das Werkstatthaus mit dem Stadthaushotel in Hamburg wurde 1993 von einer Elterninitiative gegründet und eröffnet. Es bietet acht Arbeitsplätze mit tariflicher Bezahlung. Das Hotel stellt rollstuhlgerechte Zimmer für Gäste mit Behinderungen bereit (Hinz/Boban 1995).

Die *Unterstützte Beschäftigung* bietet eine weitere Möglichkeit zur Teilnahme am Arbeitsleben. Unterstützte Beschäftigung ermöglicht es Menschen mit einer geistigen Behinderung, einer Lernbehinderung oder einer Körperbehinderung, einen geeigneten Arbeitsplatz auf dem allgemeinen Arbeitsmarkt einzunehmen. Gemeint ist die Erwerbsarbeit in regulären Betrieben zu tariflichen Bedingungen. Unterstützung erfolgt durch Mitarbeiterinnen von Fachdiensten zur Berufseingliederung. Die Hamburger Arbeitsassistenz ist ein Fachdienst für die berufliche Integration von Menschen mit geistiger Behinderung. Der Fachdienst wurde von der

Landesarbeitsgemeinschaft „Eltern für Integration e. V." ins Leben gerufen.

Das *ambulante Arbeitstraining* wird in Form von Praktika in Betrieben des allgemeinen Arbeitsmarktes durchgeführt. Die Praktika werden von Arbeitsassistentinnen begleitet. Es werden Schlüsselqualifikationen erworben: Kommunikationsfähigkeit, Bereitschaft zur Teamarbeit, Pünktlichkeit, Zuverlässigkeit, Regelmäßigkeit, Ausdauer, Hilfsbereitschaft, Verantwortungsbewußtsein, Selbständigkeit, Flexibilität. Die Praktika finden in den verschiedensten Arbeitsfeldern statt: Gastronomie, Hausmeisterei, Lager, Büro, Tischlerei, Reinigung.

Die bisherigen Erfahrungen mit der Unterstützten Beschäftigung zeigen, daß im Anschluß an die Ausbildung in vielen Fällen der Wechsel in ein reguläres Arbeitsverhältnis auf dem allgemeinen Arbeitsmarkt möglich ist (Barlsen/Bungart 1996). Als Hauptkritikpunkt an der Unterstützten Beschäftigung wird genannt: Vermittlung der Leistungsstärksten (Gehrmann/Radatz 1997).

Selbstbestimmt leben und wohnen

Selbsthilfe

Selbsthilfegruppen leisten einen bedeutsamen Beitrag im Kampf um ein möglichst selbstbestimmtes Leben. Als Elternverband wurde 1959 der „Bundesverband für spastisch Gelähmte und andere Körperbehinderte" (heute: Bundesverband für Körper- und Mehrfachbehinderte) gegründet. Zu nennen ist auch die „Bundesarbeitsgemeinschaft Hilfe für Behinderte", die 1967 ins Leben gerufen wurde. Der Bundesarbeitsgemeinschaft gehört der „Bundesverband Selbsthilfe Körperbehinderter" an. Die Begegnung zwischen Menschen mit und ohne Behinderungen stehen im Mittelpunkt.

Der Beginn der Behinderten-Selbsthilfe in der ehemaligen DDR ist nicht exakt zu benennen (Lösener 1993). Zunächst bestanden nur die traditionsreichen Verbände der Blinden und Sehschwachen, der Gehörlosen und der Hörgeschädigten. Zu den ältesten Verbänden gehören Elternkreise der inneren Mission für mehrfachbehinderte Kinder in Berlin. Die Sektion Rehabilitationspädagogik und Kommunikationswissenschaft der Humboldt-Universität zu Berlin arbeitete seit 1984 in einem Projekt über familienentlastende Dienste. Darüber hinaus bestanden oft an den großen Behindertenschulen Elterngruppen, die sich um die Beschaffung von Hilfsmitteln bemühten. Seit 1989 ist die Zahl der Selbsthilfegruppen in den neuen Bundesländern stark angestiegen.

Wer sich mit den Wohnmöglichkeiten von Menschen mit körperlichen Behinderungen auseinandersetzt, muß grundlegend

berücksichtigen, daß die Trennung von der Familie häufig viele
Ängste hervorruft. Ablösungsprozesse können durch das oft enge
emotionale Verhältnis zwischen Menschen mit einer Körperbehinderung und ihren Eltern erschwert werden. Daran geknüpft
sind Ängste bezüglich der eigenen Lebensbewältigung, der fi-
nanziellen Absicherung und der Pflegeorganisation (Weinwurm-
Krause 1990).

Doch zunächst die Fakten im Überblick: Welche Wohnmöglichkeiten gibt es für Menschen mit einer Körperbehinderung?

Behindertenfreundliche Wohnungen: stufenlos, Aufzüge, breite   Wohnformen
Türen, funktionalgerechte Ausstattung von Küche und Sanitäranlagen.

Behindertengerechte Wohnungen: spezielle Zusatzeinrichtungen
für Küche und Sanitärbereich, Mehrbedarf an Wohnfläche.

Servicehäuser: erfüllen die Voraussetzungen einer behinderten-
gerechten Wohnung, persönliche Pflege und Versorgung, Wä-
schedienst und Reinigungsdienst für die Wohnung.

Körperbehindertensiedlungen: behindertengerecht und Servi-
celeistungen, soziale Kontakte zu Menschen ohne Behinderungen sind erschwert.

Wohnheime für Körperbehinderte: behindertengerecht plus Ser-
viceleistungen, eingeschränkte Autonomie, soziale Integrati-
onsmöglichkeiten sind erschwert (Weinwurm-Krause 1990a, 30).

Zielsetzung ist, Jugendlichen und Erwachsenen mit einer Körperbehinderung Alternativen zur Heimunterbringung zu ermöglichen. Die Wohn- und Lebensformen in Heimen und In-
ternaten für Menschen mit einer Körperbehinderung wurden in
den 80er Jahren zunehmend kritisiert. Gemäß dem „Normalisierungsprinzip" (Thimm 1995) ist durch Hilfe ein möglichst selb-
ständiges Wohnen zu ermöglichen. Hier sollte auch die Schule
einen ersten Beitrag leisten. Sinnvolle Übungsformen können
Ferienfreizeiten sein. Wohnformen lassen sich erkunden und erproben. Verselbständigung und Ablösung vom Elternhaus lassen
sich schrittweise vollziehen.

Als alternative Wohnformen sind wiederum Selbsthilfefirmen
zu nennen, die neben einer Arbeitsmöglichkeit für Menschen mit
Körperbehinderungen und mit schwersten Behinderungen
Wohn- und Lebensmöglichkeiten bieten. Das Therapiezentrum
in Bonn wurde 1989 eröffnet. In einem Langzeitwohnheim stehen 47 Wohnplätze zur Verfügung. Für die Bewohner gelten die
Richtlinien des BSHG § 40 (Hilfe zur Eingliederung). Die Aufnahme in die Einrichtung ist mit einem Platz in der Werkstatt für

Behinderte gekoppelt. In ähnlicher Form arbeitet auch das Stammhaus in Köln.

Zur selbständigen Lebensführung ist selbstverständlich auch der Bereich der Freizeit zu zählen. Freizeit bedeutet freie Zeit, die für möglichst selbstbestimmtes Tun zur Verfügung steht. Kindern und Jugendlichen mit einer Körperbehinderung, die eine Ganztagsschule besuchen, bleibt oft wenig selbstbestimmte Zeit. Der Tagesablauf wird geprägt durch lange Anfahrtszeiten zur Schule und zusätzliche Therapien. Es ist notwendig, daß im Rahmen der Schule Freizeitinteressen geweckt werden und Außenkontakte entstehen. Gemeint sind: Jugendclubs, Sportverein, integrative Freizeitangebote für Menschen mit Behinderungen und für Menschen ohne Behinderungen.

Eine Studie gibt Aufschluß über die Freizeitsituation körperbehinderter Jugendlicher. Die zentrale Fragestellung ist: Wie erleben und bewerten körperbehinderte Jugendliche in einer Großstadt die Möglichkeiten, „ihre freie Zeit" zu gestalten und zu verbringen? (Neumann 1992). Befragt wurden 20 körperbehinderte Schüler einer Schule für Körperbehinderte, die nach Hauptschulrichtlinien unterrichtet wurden. Sehr häufig beschäftigen sich Jugendliche in ihrer Freizeit mit Angeboten der Massenmedien. Mehr als zwei Drittel der körperbehinderten Jugendlichen nehmen Angebote von Jugendverbänden, Jugendgruppen oder Vereinen an. Fast alle Befragten erwarten hier Freundschaften (Neumann 1992, 11–12).

Im Vergleich zur Gruppe der Jugendlichen ohne Behinderungen zeigt sich, daß die befragten körperbehinderten Jugendlichen mit ihrer Freizeitsituation unzufrieden sind und häufiger Langeweile empfinden.

Wie gesagt: Notwendig sind strukturierte Freizeitangebote, die Jugendliche ohne Behinderungen und Jugendliche mit Behinderungen bewußt zusammenführen. Aus den bereits erwähnten empirischen Untersuchungen der 70er Jahre wissen wir, daß ein „Zusammenführen" nicht automatisch eine gelungene soziale Integration bewirkt (Jansen 1972). Wichtig ist, die Eigenaktivität und Selbstbehauptung von Menschen mit einer Körperbehinderung zu stärken. In der Begegnung zwischen Menschen mit und ohne Behinderungen herrscht häufig zunächst Verunsicherung. In derartigen Anfangssituationen ist es günstig, wenn Menschen mit einer Körperbehinderung verhaltenssteuernde Funktionen übernehmen können (Jansen 1987).

Einstellung zur Sexualität

Zu Beginn der Pubertät und insbesondere beim Übergang in das Erwachsenenleben ist es wichtig, dem Thema „Einstellung zur Sexualität" Beachtung zu schenken. Vorab: Es gibt keine grundlegenden Erkenntnisse über eine „Andersartigkeit" der Sexualität von Menschen mit einer Körperbehinderung (Weinwurm-Krause 1990b).

Wie wird mit sexuellen Äußerungen von Menschen mit Behinderungen im Alltag umgegangen? Hilflosigkeit, Ängste und Unsicherheit prägen das Bild. Menschen mit Behinderungen werden häufig als Menschen ohne Sexualität gesehen. Sexualität scheint sehr zögerlich Eingang zu finden in das Bild, das viele von behinderten Menschen haben.

Jeder Reflexion über die Sexualität von Menschen mit einer Körperbehinderung sollte eine Reflexion über das eigene Verständnis von Sexualität vorangehen. Lassen wir an dieser Stelle eine junge Lehrerin mit einer Körperbehinderung selbst zu Wort kommen:

Reflexion

„Ich erinnere mich an eine Situation im Kollegenkreis. Da saßen also mehrere Leute zusammen und dann wurde – an unserer Schule sind immer furchtbar viele schwanger – überlegt, wer ist nun als nächstes dran. Da wurden dann die Leute ausgeguckt, aber daß ich vielleicht auch schwanger sein könnte, auf die Idee ist keiner gekommen. Das hat mich im Moment betrübt."

(Weinwurm-Krause 1990b, 164)

Entscheidend ist, Sexualität bei Menschen mit einer Körperbehinderung anzuerkennen und zu akzeptieren. Welches Verhältnis ein Mensch mit einer Körperbehinderung zum eigenen Körper hat, wird entscheidend dadurch geprägt, welches Maß an Wertschätzung die Bezugspersonen dem „geschädigten Körper" entgegenbringen.

Zusammenfassend lassen sich verschiedene Faktoren nennen, die die Entwicklung von Sexualität bei Menschen mit einer Körperbehinderung beeinflussen können:

– gesellschaftliche Auffassungen und Vorurteile gegenüber der Sexualität von Menschen mit einer Körperbehinderung,
– Art und Ausprägung der Behinderung,
– Lebenssituation, Wohnform und Möglichkeit sozialer Kontakte (Lösener 1993, 206).

Übungsaufgaben zu Kapitel 6

Aufgabe 17

Skizzieren Sie den Aufbau einer Werkstatt für Behinderte und erläutern Sie die Problematik der Beschäftigung von Menschen mit schwerster Behinderung!

Aufgabe 18

Welche Wohnmöglichkeiten gibt es für Menschen mit einer Körperbehinderung?

Aufgabe 19

Reflektieren Sie Ihre Einstellung zur Sexualität von Menschen mit einer Körperbehinderung!

7. Hilfsmittel bei Körperbehinderung

Bei Menschen mit einer Körperbehinderung ist die Hilfsmittel-versorgung von fundamentaler Bedeutung für eine möglichst selbständige Lebensführung. Hilfsmittel müssen im Verlauf der Entwicklung neu angepaßt und überprüft werden.

Rollstühle

Die Auswahl eines Rollstuhles richtet sich nach folgenden Fragen:

Auswahlkriterien

Wer soll den Rollstuhl benutzen?
– Wie sind die funktionellen Möglichkeiten und Grenzen der Person?
– Welcher Kraftaufwand ist möglich?
– Welche Antriebsart ist möglich?
– Welche Art der Steuerung ist möglich?

Wie soll der Rollstuhl benutzt werden?
– Wird sich die Person eigenhändig fortbewegen oder wird sie hauptsächlich geschoben werden?

Wo soll der Rollstuhl benutzt werden?
– Soll der Rollstuhl drinnen benutzt werden oder im Freien? Sowohl als auch?
– Muß er transportiert werden?

Wofür soll der Rollstuhl benutzt werden?
– Welche Tätigkeiten sollen vom Rollstuhl aus/mit dem Rollstuhl verrichtet werden (Büroarbeit, Sport)?

(Kalbe 1995)

Nach der Art des Antriebes werden unterschieden: Rollstühle mit Greifreifen-, Hebel- oder Elektroantrieb. Die häufigste dieser drei Arten ist die des neben den Rädern angebrachten Greifreifens. Über das Drehen des Reifens kann der Rollstuhl aus eigener Kraft in Bewegung gehalten werden. Bei nur einseitig eingeschränkter Körperfunktion wird über einen doppelten Greifreifen ein Ein-armantrieb möglich. Auch der Hebelantrieb setzt eigene Kraftauf-

Verschiedene Modelle

bringung voraus, ermöglicht aber bei gleichem Kraftaufwand das Zurücklegen größerer Strecken. Auch hier kann ein Einhandantrieb erfolgen. Für diejenigen, die einen Greifreifen- oder Hebelantrieb aufgrund der körperlichen Einschränkungen nicht nutzen können, gibt es Rollstühle mit Elektroantrieb. Hier wird über ein Akku-System die elektrische Steuerung von Fahrtrichtung und Geschwindigkeit geregelt. Die Möglichkeiten der Steuerung reichen von der Hand- oder Fußsteuerung über die Kinnsteuerung hin zur Atemsteuerung und können daher an die individuellen Bedürfnisse angepaßt werden. Ein Akku reicht für ca. 30 km oder etwa 6 Stunden Fahrt.

Eine weitere Unterscheidung der Rollstühle erfolgt darin, ob es sich um starre oder um faltbare Modelle handelt, wobei letztere einfacher im Pkw zu transportieren sind. Starre Modelle haben jedoch den Vorteil, daß sie meist wendiger und besser manövrierbar sind, so daß sie häufig im Sport zum Einsatz kommen, wo dann zusätzlich über die Schrägstellung der Räder ein günstigerer Krafteinsatz ermöglicht wird. Im Alltag herrschen jedoch die faltbaren Rollstühle vor, wobei auch ein Elektroantrieb nicht unbedingt ein Hindernis darstellt. Über eine Verstellbarkeit der Seiten- und Rückenlehne sowie der Fußstützen wird eine optimale Anpassung erreicht. Hierzu dient auch die Fülle an Zusatzausstattungen von Sitzkissen über Taschen hin zu Arbeitsplatten.

Gehhilfen und Stehhilfen

Auswahlkriterien

Auch beim Einsatz der Gehhilfsmittel sind zunächst wieder verschiede Fragen zu beantworten:

Wer wird die Gehhilfen benutzen?
– Wie sind die funktionellen Voraussetzungen des Menschen?
– Welche körperlichen und geistigen Fähigkeiten und Einschränkungen bringt er mit?
– Wieviel Unterstützung braucht er?
– Wie gut ausgeprägt ist die Balancefähigkeit?

Wo soll die Gehhilfe eingesetzt werden (im Haus, im Freien, auf ebenen Böden)?

Wofür soll die Gehhilfe herangezogen werden?
– Zur Bewältigung des gesamten Alltags?
– Als postoperative Trainingshilfe?
– Zur Verrichtung bestimmter Tätigkeiten (Einkauf)?

Wie lange soll die Gehhilfe Einsatz finden?
– Auf Dauer oder für einen begrenzten Zeitraum?

Je nach erstelltem Anforderungsprofil kann aus der breiten Palette der zweiteiligen Gehhilfen, also der Stöcke und Stützen, oder der einteiligen, also der Gehgestelle und Gehwagen, diejenige ausgewählt werden, die den Lebensumständen am besten entspricht. **Verschiedene Modelle**

Zunächst zu den Stützen und Stöcken. Hier sind die Gehstöcke, die Unterarmstützen, die Achselstützen und die Vierfuß-Gehhilfen zu nennen, die in dieser Aufzählung in ihrer Abstufung von der geringsten zur größten Stützfunktion aufgeführt sind (Stemshorn 1994). Bei der Auswahl ist zu berücksichtigen, welche Körperteile besonders entlastet werden sollen und welche eingesetzt werden können. Gehhilfen kommen eher für Menschen in Betracht, deren Stützbedarf insgesamt geringer ist. Einsatzgebiete sind zum Beispiel Übergangssituationen, in denen nach einer Operation für einen bestimmten Zeitraum größerer Unterstützungsbedarf besteht, oder progressive Erkrankungen, bei denen der Bedarf kontinuierlich steigt. Auch äußere Umstände können das Heranziehen von Stützen bedingen, wenn zum Beispiel die Benutzung des Rollstuhles aufgrund seiner Sperrigkeit im Wohnumfeld des gehbehinderten Menschen nicht oder nur schwer möglich ist. Personen, die große Schwierigkeiten damit haben, das Gleichgewicht zu halten, oder deren Kraftreserven geringer sind, finden mit Gehgestellen und Gehwagen mehr Halt. **Stützen und Stöcke**

Man unterscheidet die starren, die in sich beweglichen und die fahrbaren Gehgestelle und die Gehwagen (Stemshorn 1994). Starre Gehgestelle ermöglichen eher sicheres Stehen, da ihr Weiterbewegen umständlich und schwer ist. Die in sich beweglichen (reziproken) Gehgestelle bieten eine bessere Anpassung an Bewegungsabläufe, eignen sich aber auch eher für ebene Flächen. Rollatoren, also fahrbare Gehgestelle, sind die sichersten Gehhilfen (Sowa/Metzler 1996). **Gehgestelle und Gehwagen**

Sie bieten eine große Unterstützungsfläche und ermöglichen die gleichmäßige Gewichtsverteilung auf beide Arme. Gleichzeitig setzen sie aber weniger Eigenanteil zum Halten des Gleichgewichtes voraus und erlauben gleichmäßiges Gehen. Sie sind daher gut geeignet für Menschen mit unsicherer Balance, bei denen zeitweiliges Abstützen notwendig, das Gehen sonst aber möglich ist. Man unterscheidet Rollatoren mit vier Rädern, von denen die vorderen beweglich sind, und solche mit zwei Rädern vorn und zwei Stoppern hinten. Letztere sind schwer verschiebbar, wodurch sie mehr Stabilität gewährleisten als die vierrädrigen Modelle, deren Kontrollieren eher über die Handbremsen erfolgt. Auch für Rollatoren sind ebene Böden günstiger als solche, auf denen Hindernisse in der Art von Schwellen, Rillen, Löchern zu bewältigen sind. Als großen Vorteil bieten viele Rolla-

Abb. 16: Rollator

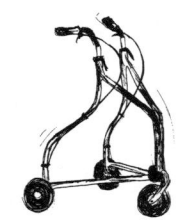

Abb. 17: Deltagehrad

toren inzwischen die mitgeführten Sitzflächen, die es dem Benutzer und der Benutzerin ermöglichen, sich jederzeit ausruhen zu können. Auch der Transport von Einkäufen ist häufig durch entsprechende Vorrichtungen vereinfacht. Ein Nachteil der vierseitigen Rahmenkonstruktion des Rollators, die die große Stabilität erzeugt, ist die Sperrigkeit im Umgang. Dem schafft ein anderes Modell fahrbarer Gehhilfen Abhilfe, das Deltagehrad.

Durch seine Form (zwei Seitenteile, die vorne im spitzen Winkel zusammenlaufen, drei Räder) ist es zwar kippgefährdeter und bietet weniger Unterstützung und Entlastung, ist aber leichter zu manövrieren. Es ist deshalb für Menschen geeignet, die niedrigere Anforderungen an die Standfestigkeit, dafür aber höhere bezüglich des Umganges mit dem Hilfsmittel haben.

Als letzte Gehhilfen dieser Gruppe sind die Gehwagen zu nennen, die durch ihre diversen Stützen und Griffe in allen Bereichen des Körpers eine sehr große Unterstützung gewähren, so daß die Balancefähigkeit des Benutzers und der Benutzerin sehr gering sein kann. Auch sie sind mit einer Sitzfläche und Transportkörben ausgestattet. Für alle angeführten Gehhilfen gilt wie auch für andere Hilfsmittel, daß sie im Interesse der Ergonomie und der Sicherheit individuell abgestimmt werden müssen. Dazu sollte die Höhen- oder Breitenverstellbarkeit gegeben und die Ausstattung mit speziellen Zusätzen wie Licht möglich sein.

Stehhilfen

Die Einbeziehung von Stehhilfen in den Alltag von Menschen, die nicht aus eigener Kraft stehen können und viel Zeit im Rollstuhl verbringen, wird heute sowohl aus medizinisch-physiotherapeutischer als auch aus psychologisch-pädagogischer Sicht befürwortet. Auf medizinisch-physiotherapeutischer Seite wird davon ausgegangen, daß eine Aufrichtung von täglich mindestens einer Stunde vor allem eine vorbeugende Wirkung bezüglich der Folgebeeinträchtigungen ausgedehnten Sitzens hat. Zugleich wird der Aufbau von mehr Körperkontrolle im Becken-, Rumpf- und Kopfbereich begünstigt. Prophylaktische Aspekte ergeben sich insofern, als

- die passive Dehnung von Muskeln und Gelenken Beugekontrakturen im Hüft-, Knie- und Fußbereich entgegenwirkt,
- der Kreislauf und die Durchblutung sowie die Ausscheidungsorgane angeregt werden,
- Knochen und Gelenke durch die Belastung Wachstumsanreize erhalten,
- die Einlagerung von Kalzium in den Knochen gefördert und einer Entkalkung somit vorgebeugt wird.

Bedeutung

Die Befürwortung von Stehhilfen aus psychologisch-pädagogischer Sicht begründet sich vor allem mit der Veränderung der Sichthöhe und somit des Blickwinkels. Es wird davon ausgegangen, daß durch die neue Perspektive eine andere Wahrnehmung möglich, eine andere Weltsicht erfahren wird. Ferner finden sich Hinweise auf das positive Erleben von „Groß-Sein" und das Gefühl, „auch stehen zu können" (Sowa/Metzler 1996). Um diesen Zielen gerecht zu werden, muß die Stehhilfe bestimmten Anforderungen entsprechen (Kalbe 1995). Sie muß verstellbar (und damit individuell anpassbar) sein, sie muß ventrale und dorsale Rumpfhalterungen aufweisen, und die Fixierungen müssen sich in Abstimmung mit der Eigenkontrolle lockern oder entfernen lassen.

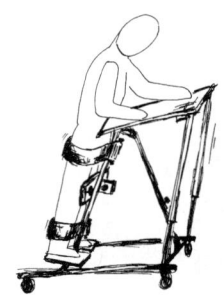

Abb. 18: Stehständer

Um die psychologisch-pädagogischen Ziele zu unterstützen, muß die Stehhilfe fahrbar sein, damit der Benutzer in alle Aktivitäten der Umgebung einbezogen werden kann. Außerdem muß sie die Möglichkeit bieten, in ihr oder aus ihr heraus eine Tätigkeit zu verrichten, in dem sie zum Beispiel eine Arbeits-/Spielfläche aufweist. Eine Einbeziehung von Stehhilfen ist jedoch nur dann sinnvoll, wenn die betreffende Person Ansätze zur Aufrichtung oder Rumpfkontrolle zeigt (Kalbe 1995). Bei gering ausgeprägten Ansätzen kann über den Einsatz von verstellbaren Schrägliegebrettern eine allmähliche Erarbeitung des kontrollierten Stehens erfolgen.

Fahrräder und Dreiräder

Das Fahrrad als Transportmittel für mittellange Strecken ist für viele Menschen Teil ihres Alltags, ist Teil „gesellschaftlicher Normalität". Es ist daher ein wichtiger integrativer Schritt, Räder oder ähnliche Konstrukte auch Personen zugänglich zu machen, die im Bereich der Motorik auf Hilfsmittel angewiesen sind. Darüber hinaus fordert und fördert das Radfahren die körperliche Betätigung und ist eine Möglichkeit, den eigenen Aktionsradius und damit auch die Umwelterfahrung zu vergrößern. Der Markt bietet inzwischen eine Fülle von Rädern, die den unterschiedlichsten Wünschen und Anforderungen gerecht werden können.

Um einen Überblick über das Angebot zu geben, kann man eine Unterteilung nach Art der Nutzung vornehmen, das heißt hier, ob es sich bei dem Benutzer und der Benutzerin um einen sogenannten Selbst- oder um einen sogenannten Mitfahrer handelt.

Überblick

Bei den *Selbstfahrern* kann dann weiter unterschieden werden zwischen Rollstuhlfahrern, die bei einer Rollstuhlkonstruktion bleiben, und den Personen, die ein umgerüstetes Fahrrad besteigen. Wenn sich Selbstfahrer für ein Fahrrad entscheiden, muß es darum gehen, dieses möglichst so zu gestalten, daß es von sich aus das Halten des Gleichgewichtes gewährleistet. Dies kann

Abb. 19:
Dreirad mit
Handantrieb

über das Anbringen besonderer Stützräder erfolgen, geschieht aber im Erwachsenenbereich meist über die Erweiterung der zwei auf drei Räder, die zu großer Stabilität führen. Ob die paarigen Räder vorne oder hinten angebracht werden sollten, ist eine Frage der jeweiligen Erfordernisse. Befinden sie sich vorne, ist das Rad leichter zu schieben und in seiner Breite überschaubar, sind sie hinten lokalisiert, wird eine etwas leichtere Lenkbarkeit erreicht. Über einen Handantrieb lassen sich Dreiräder auch von Personen benutzen, die das Rad aufgrund ihrer körperlichen Möglichkeiten nicht per Fußpedal bewegen können (Abb. 19).

In allen Fällen sollten sich die Räder, aufbauend auf ihrem Grobgerüst mit Hilfe von Rücken- und/oder Seitenlehnen, Spezialsatteln und/oder -lenkern, den individuellen Bedürfnissen anpassen lassen, um größtmögliche Sicherheit zu gewährleisten. Für Rollstuhlfahrer gibt es neben den speziellen Rad-Rollstühlen die Möglichkeit, ihren Aktiv-Rollstuhl umzurüsten, indem sie ein Rad vorspannen, das über Handantrieb in Gang gesetzt wird.

Für die *Mitfahrer* sind Konstruktionen gefragt, die das gemeinsame Zurücklegen großer Strecken ermöglichen, ohne Sicherheit und Komfort außer acht zu lassen und ohne die Kräfte der Beteiligten zu überfordern. Bei den Mitfahrern wird unterschieden, ob sie aktiv oder passiv an der Fortbewegung beteiligt sind.

Abb. 20:
Rollstuhltandem

Ist *aktive Teilnahme des Mitfahrers* eingeplant, kommen besonders Tandemkonstruktionen in Frage. Sie können durchaus den handelsüblichen Tandems entprechen. Unter diesen gibt es inzwischen solche, die kleinere Plätze für Kinder aufweisen (je nach Modell hinten oder vorne). Diese können mit entsprechenden Sicherheitszusätzen wie Lehnen, Gurten u. ä. auch mit Kindern mit Behinderung genutzt werden. Darüber hinaus sind aber auch Tandemkonstruktionen entwickelt worden, in die ein Dreirad mit all seinen Vorteilen integriert wurde (s. Abb. 20).

Für *Passiv-Mitfahrer*, die ausschließlich gefahren werden, gibt es Fahrradkombinationen, bei denen entweder Fahrrad und Rollstuhl oder Fahrrad und Sitz- oder Liegeschale miteinander verbunden wurden. Hier gibt es Modelle mit festem Rahmen und solche, bei denen beide Teile bei Gebrauch stabil, aber reversibel zusammengesetzt werden.

Kommunikation durch elektronische Hilfsmittel und durch Ausdruckssysteme

Menschliche Kommunikation kann, wenn man sie nicht auf den lautsprachlichen Austausch beschränkt, als ein „multimediales System" bezeichnet werden, das Blickbewegungen, Mimik, Laute/Lautsprache, Gestik, Körperhaltung/Körperbewegung, Gebärden, nicht- elektronische und elektronische Hilfen und Schriftsprache mit einschließt.

Die „Unterstützte Kommunikation" ist eine aus Amerika stammende sonderpädagogische Konzeption, die sich bei uns seit Anfang der 90er Jahre etabliert hat (Braun 1994; Kristen 1994). Es wird versucht, mit Hilfe körpereigener und hilfsmittelgestützter Kommunikationsformen eine Verständigung zur Umwelt aufzubauen.

Unterstützte
Kommunikation

Elektronische Hilfsmittel

Elektronische Hilfsmittel, die Ihnen an dieser Stelle nähergebracht werden sollen, sind besonders für Personen von Bedeutung, „die entsprechend ihrem Entwicklungsstand zwar Sprachverständnis besitzen, die sich jedoch mit den ihnen zur Verfügung stehenden Kommunikationsmöglichkeiten nicht zufriedenstellend ausdrücken können" (Kristen 1994, 15). Für sie können die technischen Geräte als „Übersetzer" fungieren. Die Unterscheidungen innerhalb der heute großen Gruppe elektronischer Kom-

Abb. 21:
Transportables Gerät
mit Sprachausgabe
„Talker"

munikationshilfen lassen sich nach folgenden Gesichtspunkten vornehmen:

a) Transportfähigkeit:

stationäre Rechner und

transportable Systeme (Laptops, Talker s. Abb. 21)

b) Art und Weise der Mitteilung:

Systeme mit Sprachausgabe (Kommunikator mit Papierstreifenausdruck, Talker) und

ohne Sprachausgabe (Rechner, Schreibmaschine)

c) Zugang zur Hilfe für den Benutzer:

„direkter" Zugang als Bedienen der Tastatur und

„indirekter" Zugang, der sich eines Scanning-Verfahrens bedient (s. Abb. 22), bei dem ein über die Felder wandernder Lichtpunkt bei dem gewünschten Feld angehalten wird.

Beide Arten richten sich nach den motorischen Möglichkeiten des Benutzers und der Benutzerin; konkret also danach, welche Körperteile am besten kontrolliert eingesetzt werden können, wieviel Kraft zur Verfügung steht und wie belastbar die Person ist. So kann der direkte Zugang nicht nur über Hand oder Fuß erfolgen, sondern z. B. auch über einen am Kopf befestigten Zeigestab (Abb. 23), über gerichtete Augenbewegungen oder über den Lichtstrahl einer am Körper befestigten Zeigelampe.

Abb. 22:
„Scanning-Verfahren"

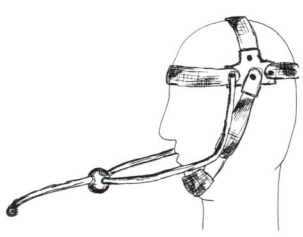
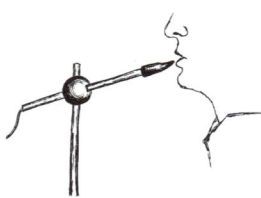

Abb. 23:
Stirnstab (links)

Abb. 24:
Saug-Blas-Schalter
(rechts)

Abb. 25:
Näherungssensor

Die Impulsgebung zum Stoppen des Lichtpunktes beim indi- Schalter
rekten Zugang erfolgt über Tasten, Schalter und Sensoren, deren große Brandbreite es ermöglicht, eine individuell optimale
Auswahl zu treffen. Beispielhaft sind zu nennen:

- Drucktasten in diversen Größen und Formen und mit unterschiedlichen Anforderungen bezüglich der benötigten Auslösekraft,
- diverse Schalter (Saug-Blas-Schalter (Abb. 24), Luftkissenschalter, Wackel-
  schalter),
- Muskel-, Feuchtigkeits-, Licht- oder Näherungssensoren (Abb. 25),
- Joystick, Trackball oder Maus.

Wo die Impulsgeber plaziert werden, richtet sich natürlich danach, wie sie bedient werden sollen. In manchen Fällen ist Ideen-
reichtum gefragt, um alle Anforderungen an Bedienbarkeit, Ergonomie und Sicherheit zu vereinen, gleichzeitig wächst auch der
Markt der technischen Hilfsmittel und des entsprechenden Zu-
behörs.

Im Bereich der Talker, also der Geräte, die die akustische Wie-
dergabe einer Mitteilung ermöglichen, kann eine Binnendiffe-
renzierung entweder über die Größe oder über die Art der Sprachausgabe erfolgen. Unter Größe ist hier sowohl die Anzahl der Felder der Tastatur als auch die Speicherkapazität bezüglich der
Länge der Mitteilung zu verstehen. Bei der Sprachausgabe unterscheidet man zwischen der natürlichen digitalisierten Form,
bei der etwas zuvor Eingegebenes abgerufen wird, und der syn-
thetischen Form, bei der das System Laute nach dem jeweiligen
Eingeben formt. Gemeinsam ist den Talkern heute, daß sie sowohl über die Tastatur als auch über den indirekten Zugang mit
den entsprechenden externen Impulsgebern zu bedienen sind.
Neben technischen Kommunikationshilfen gibt es eine Vielzahl
von Ausdruckssystemen, die aktive Sprache ergänzen oder ersetzen können.

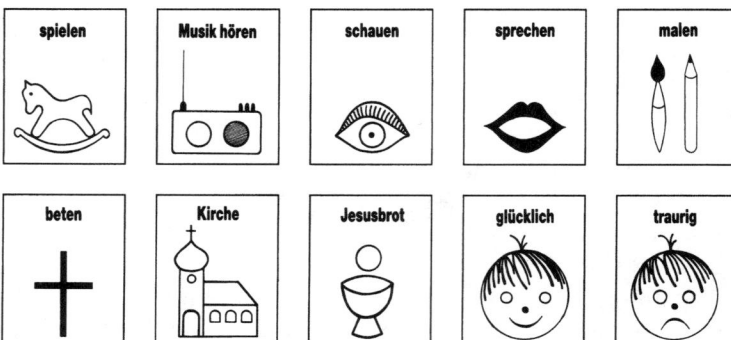

Ausdruckssysteme

Das LÖB-System (Löb 1985) besteht aus einer festgelegten Anzahl von 60 Piktogrammen, die sich folglich alle auf einer anschaulichen Ebene bewegen (Abb. 26).

Die Piktogramme verdeutlichen Gegenstände und einfache Handlungen. Die Ausdrucksmöglichkeiten erstrecken sich auf verschiedene Bereiche:

– allgemeine Verständigungszeichen
– Eigenschaftswörter
– Gesundheitsfürsorge
– Nahrungsmittel
– Häusliche Gegenstände
– Körperhygiene
– Spielen und Beschäftigung
– Religion
– Gefühl
– Arbeit

Syntaktische Beziehungen lassen sich durch dieses System nicht ausdrücken. Das folgende Kommunikationssystem hat in den letzten zwanzig Jahren in Schulen für Körperbehinderte und auch in Schulen für Geistigbehinderte eine weite Verbreitung erfahren.

Bliss-Symbol-Kommunikationsmethode: Diese Kommunikationsmethode besteht aus Piktogrammen, Ideogrammen und willkürlich festgelegten Zeichen. Insgesamt besteht das System aus zirka 25 verschiedenen Grundelementen, die zu zirka 2400 standardisierten Symbolen zusammengesetzt werden können.

Eine differenzierte Ausdrucksform wird ermöglicht durch Begriffsklassen (z. B. Dinge, Tätigkeiten, Eigenschaften, Abstrakta)

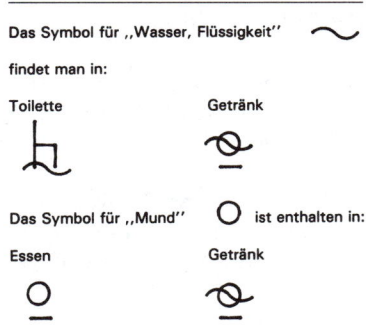

sowie grammatikalische Bezeichnungen und Funktionen. Als Voraussetzungen für die Anwendung dieses Systems werden angegeben:

- gute visuelle Detailunterscheidung
- Sprachverständnis
- Blickkontakt
- basale Stufe der Begriffsbildung und Abstraktion

Einen Überblick über weitere Ausdruckssysteme gibt Adam (1993).

Abb. 28:
Angepaßte Griffe

Alltagshilfen für Essen und Trinken

Das Schlagwort der möglichst großen Selbständigkeit ist auch in bezug auf die Nahrungsaufnahme von Bedeutung. Hierbei ist zu beachten, daß neben der Idee der Selbstbemächtigung und des Erfahrens eigener Kompetenz auch die erreichte Entlastung der Betreuerin eine Rolle spielt. Für viele Menschen ist trotz motorischer Einschränkungen eine selbständige Nahrungsaufnahme möglich, wenn spezielle Hilfsmittel genutzt werden. Genausogut können aber auch handelsübliche Gebrauchsgegenstände mit Kreativität an die jeweiligen Umstände und Möglichkeiten angepaßt werden. Beispiele (Abb. 28, 29, 30):

Abb. 29:
Becher mit ausgebuchtetem Rand

- mit Holz, Modellier- oder Schaummasse verdickte Besteckgriffe zum besseren Festhalten
- verbogene Besteckgriffe, die nicht ausführbare Bewegungen erübrigen
- Becher mit variierten Griffen, die dem individuell bestmöglichen Greifen entsprechen
- Trinkgefäße mit ausgeschnittenem Rand, die weniger geneigt werden müssen
- Teller mit erhöhten Seitenrändern (z. B. durch einen aufgesteckten Rand), die das Aufladen von Nahrung auf Gabel oder Löffel vereinfachen

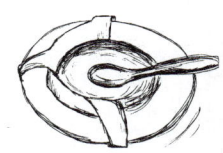

Abb. 30:
Teller mit erhöhten
Seitenrändern

Übungsaufgaben zu Kapitel 7

Aufgabe 20

Um für die besondere Lebenssituation von Menschen mit einer Körperbehinderung zu sensibilisieren, ist eine Selbsterfahrungsübung sinnvoll. Gehen Sie in ein Orthopädiefachgeschäft und leihen Sie sich einen Rollstuhl aus. Erproben Sie gemeinsam mit anderen Studierenden den Alltag: Fahren Sie Straßenbahn, gehen Sie einkaufen, besuchen Sie eine Behörde oder ein Kino. Dokumentieren Sie Ihre Erfahrungen! Aber: Beachten Sie die Tips für den Umgang mit dem Rollstuhl:

Bordsteinkanten

runter: Mit den Vorderrädern an die Bordsteinkante heranfahren, auf die Hinterräder kippen, vorsichtig herunterlassen. Oder: rückwärts an die Kante fahren, Räder langsam herunterlassen

rauf: An die Kante fahren, Hinterräder anheben, über die Kante schieben.

Treppen (2 Personen notwendig)

rauf: Rückwärts an die Treppe heranfahren, auf die Hinterräder kippen, 2. Person sichert vorne am Rahmen ab, dagegendrücken.

runter: Rollstuhl ankippen, 2. Person sichert nach vorne ab, langsam die Treppe herunterlassen.

Aufgabe 21

Erläutern Sie elektronische Kommunikationshilfen!

8. Ausblick: Körperbehindertenpädagogik in Praxis und Theorie

Die Körperbehindertenpädagogik beschäftigt sich in Praxis und Theorie mit Erziehung, Förderung und professioneller Lebensbegleitung von Kindern, Jugendlichen und Erwachsenen mit körperlichen Behinderungen. Innerhalb der theoretischen Entwicklung werden Förderbedürfnisse und Lebenssituationen erforscht und sonderpädagogische Einwirkungsformen der professionellen Begegnung entwickelt. In der Praxis ist die Körperbehindertenpädagogik Teil des institutionellen Bildungssystems: Frühförderung, Kindergarten, Schule, Berufsbildungswerk und Werkstatt.

Die Anfänge der Körperbehindertenpädagogik als sonderpädagogische Teildisziplin reichen bis ins 19. Jahrhundert. Auf der Hochschulebene handelt es sich jedoch um eine relativ junge Disziplin. Erste Professuren wurden in Deutschland erst Mitte der 60er Jahre eingerichtet. Zur Etablierung als erziehungswissenschaftliche Disziplin ist Erkenntnisgewinnung sowohl normativ als auch empirisch notwendig. Die Frage der gemeinsamen Erziehung ist zunächst einmal eine normative. Die Frage, unter welchen Bedingungen gemeinsame Erziehung möglich wird, ist eine empirische Frage. Hier ist eine deskriptive Analyse von Bedingungen notwendig.

Integration erfordert Kooperation mit anderen sonderpädagogischen Teildisziplinen. Darüber hinaus sind aber auch Vernetzungen sowohl zur Allgemeinen Sonderpädagogik als auch zur Allgemeinen Pädagogik notwendig. Das Thema Integration verbindet. Es ist zugleich Thema der Allgemeinen Sonderpädagogik, sofern die Integration von Menschen mit Behinderungen reflektiert wird. Allgemeine Sonderpädagogik ist wiederum Teil der Allgemeinen Pädagogik und als besondere, akzentuierte Pädagogik auf die speziellen Bedürfnisse von Menschen mit Behinderungen ausgerichtet.

Interdisziplinäre Verknüpfung ist nicht gleichzusetzen mit Auflösung des Faches. Nur autonome Systeme können sich ergänzen. Körperbehindertenpädagogik nimmt die aktuellen Erziehungs- und Lebensbedürfnisse von Menschen mit einer Körperbehinderung zum Ausgangspunkt. Als wissenschaftliche Disziplin

Abb. 31:
Körperbehinderten-
pädagogik und
Interdisziplinarität

gewinnt sie Erkenntnisse aus der geisteswissenschaftlichen und der empirischen Erziehungswissenschaft. Darüber hinaus steht sie natürlich im Kontakt mit anderen Fachgebieten wie Medizin, Psychologie und Soziologie. Die wissenschaftlichen Fragestellungen ergeben sich aus der Reflexion der Praxis. Theorien und Untersuchungsergebnisse wiederum fließen in die Praxis ein und liefern gezielte Informationen über Lebenssituationen, Erziehungs- und Unterrichtsprozesse.

Anhang: Arbeitsmaterialien

- Glossar
- Lösungshinweise zu den Übungsaufgaben
- Tabellarische Übersicht: Formen der Körperbehinderung
- Testverfahren
- Gesetzestexte (Auswahl)
- Informationsquellen
- Kommentierte Bibliographie

Glossar

Anarthrie: Schwerste Form einer Dysarthrie. Unfähigkeit zu verständlicher Lautbildung und Sprachproduktion.

Ataxie (griech.: „ohne feste Ordnung"): Bewegungsstörung, die durch eine mangelhafte Bewegungskoordination und ein gestörtes Gleichgewicht gekennzeichnet ist. Die Muskelspannung ist niedrig (Hypotonus).

Athetose (griech.: „ohne feste Stellung"): Bewegungsstörung, bei der die Muskelspannung wechselt. Kennzeichnend sind: unwillkürliche, unregelmäßige, langsame, wurmförmig verkrampfte Bewegungen. Nur in Ruhestellung ist die Muskelspannung niedrig.

Behinderung: Eine international anerkannte Klassifikation von Behinderung; stammt von der Weltgesundheitsorganisation (WHO). Hier werden drei Dimensionen unterschieden: Schädigung von Organen, Beeinträchtigung aufgrund der Schädigung, Benachteiligung in gesellschaftlicher Hinsicht. Behinderung ist ein sehr relativer Begriff, eine verbindliche Definition gibt es nicht.

Cerebrale Bewegungsstörungen: (cerebral, lat.: das Gehirn betreffend). Durch eine Hirnschädigung hervorgerufene Störung der Muskelspannung und der Bewegungskoordination, die entweder angeboren ist, frühkindlich oder später erworben werden kann.

Dysarthrie: Sprechstörung, die durch eine Schädigung der am Sprechvorgang beteiligten Nerven verursacht wird. Betrifft den gesamten Sprechvorgang: Deutlichkeit der Aussprache, Laut- und Stimmbildung, Atmung; das Sprachverständnis ist in der Regel nicht beeinträchtigt.

Heilpädagogik: wird vielfach gleichbedeutend mit Sonderpädagogik verwendet. Ist der ältere Begriff und wird durch seine Nähe zur Medizin kritisiert. Wird Heilpädagogik nicht im Sinne von Heilen, sondern im Sinne einer ganzheitlichen Pädagogik verstanden, so handelt es sich um einen umfassenden Begriff.

Integration: (lat.: Wiederherstellen eines Ganzen) bezieht sich auf die Eingliederung von Menschen mit Behinderungen in die Gesellschaft. Schulische Integration bezeichnet Formen des gemeinsamen Lebens und Lernens von Kindern mit und ohne Behinderungen. Integrationspädagogik beschäftigt sich mit Fragen der gemeinsamen Erziehung und mit Formen der Zusammenarbeit verschiedener Berufsgruppen. Integrationsdidaktik ist auf die Unterrichtsorganisation heterogener Lerngruppen ausgerichtet.

Körperbehindertenpädagogik: Teildisziplin der Sonderpädagogik. Wissenschaft, die sich mit Fragen der Erziehung, der Förderung und der professionellen Lebensbegleitung von Kindern, Jugendlichen und Erwachsenen mit körperlichen Behinderungen befaßt.

Mehrfachbehinderung: Bei einem Menschen mit einer Mehrfachbehinderung treten mehrere Behinderungen gemeinsam auf, die sich wechselseitig beeinflussen, verstärken und als Ganzes die Lebenswirklichkeit bestimmen.

Mensch mit einer Körperbehinderung: Beschreibungsmerkmal für eine Person, die infolge einer Schädigung des Stütz- und Bewegungsapparates, einer anderen organischen Schädigung oder einer chronischen Krankheit dauerhaft in ihrer Bewegungsfähigkeit beeinträchtigt ist. Die eingeschränkte Bewegungsfähigkeit und das veränderte äußere Erscheinungsbild können die Selbstverwirklichung in sozialer Integration erschweren.

Muskeldystrophie: Erblich bedingter Muskelschwund, Abbau des Muskelgewebes, Bewegungsfähigkeit in unterschiedlichem Ausmaß beeinträchtigt, verschiedene Verlaufsformen. Häufig ist die Lebenserwartung herabgesetzt.

Orthopädie: Medizinische Disziplin, die sich mit der Erkennung und Behandlung angeborener oder erworbener Fehler der Haltungs- und Bewegungsorgane befaßt.

Rehabilitationspädagogik: war in der ehemaligen DDR die Wissenschaft von der sozialistischen Bildung und Erziehung physisch und psychisch Geschädigter unter den Aspekten der Rehabilitation. Der Begriff wurde in den neuen Bundesländern als Fachbegriff beibehalten. In der BRD wurde er seit den 60er Jahren für den medizinischen und sozialrechtlichen Bereich verwendet. Rehabilitation bedeutet in diesem Zusammenhang soziale und berufliche Eingliederung eines Menschen mit Behinderung.

Sonderpädagogik: ist eine Richtung der Pädagogik, die sich auf die Erziehung, Unterrichtung und Lebensbegleitung von Kindern, Jugendlichen und Erwachsenen mit besonderen Förder- und Lebensbedürfnissen bezieht. Sonderpädagogik stellt in der Regel den Bezug zum Sonderschulsystem her. Die Bezeichnung wird meist mit Behindertenpädagogik gleichgesetzt.

Spastik: Bewegungsstörung, bei der die Muskelspannung erhöht ist (Hypertonus). Kennzeichen sind: gleichzeitiges Anspannen von Wirk- und Gegenwirkmuskel (Agonist – Antagonist), Bewegungsarmut und Gelenkblockade.

Spina bifida: (lat.: zweigeteilter Wirbel). Angeborene Fehlbildung des Rückenmarks, die sich als Spaltbildung der Wirbelsäule zeigt; führt zu Querschnittslähmung, Störungen des Hirnwasserkreislaufs, der Blasen- und Mastdarmfunktionen, der Sensibilität.

Unterstützte Kommunikation (Augmentative and Alternative Communication): Ansatz, der nicht und kaum sprechenden Menschen Kommunikationsformen (körpereigene und hilfsmittelgestützte Kommunikationsformen) mit anderen Menschen ermöglicht. – Abgrenzung zur Gestützten Kommunikation (Facilitated Communication): Stützen der Hand oder des Unterarms bei Menschen mit Autismus, so daß Schreiben am Computer ermöglicht wird. (FC ist in der Fachliteratur umstritten.)

Wissenschaft: Prozeß, der versucht, Wirklichkeit zu erfassen und zu erklären. In der Erziehungswissenschaft sind zwei Hauptrichtungen zu unterscheiden mit einem jeweils eigenen Zugang zur Beschreibung der Wirklichkeit: die geisteswissenschaftlich-normativen Forschungsmethoden und die naturwissenschaftlich-empirischen Forschungsmethoden.

Lösungshinweise zu den Übungsaufgaben

Kapitel 1

Aufgabe 1

Tötung von Behinderten in den antiken Kulturen. Beispiel: In der jüdischen Kultur entwickelte sich die Vorstellung, daß körperliche Gebrechen göttliche Strafen seien. Tötung und Aussetzung wurden unter dem Einfluß des Christentums verboten. Aussonderung und Versorgung in Klöstern.

Aufgabe 2

Von Kurz gründete 1832 die erste Bildungsanstalt für Körperbehinderte („praktisch-technische Unterrichts- und Beschäftigungsanstalt für arme krüppelhafte Kinder der bayrischen Monarchie"). Würtz war Pädagoge und leitete zu Beginn des Jahrhunderts das Oskar-Heleneheim in Berlin, ein beispielhaftes Zentrum der Körperbehindertenhilfe in Deutschland.

Kapitel 2

Aufgabe 3

Cerebrale Bewegungsstörungen sind Folge einer Schädigung des Gehirns, die Spina bifida ist eine Schädigungsform, die auf eine Hemmungsmißbildung des Rückenmarks und der Wirbelbögen zurückzuführen ist.

Aufgabe 4

Welche der folgenden Krankheiten ist nicht erblich?

b) Infantile Cerebralparese ☒

Aufgabe 5

Bei der infantilen Cerebralparese werden folgende Formen unterschieden:

a) Spastik ☒
b) Athetose ☒
c) Ataxie ☒

Kapitel 3

Aufgabe 6

Neurophysiologische Hauptargumente der Frühförderung:

– Plastizität des kindlichen Gehirns, es besitzt Kompensationsfähigkeit.
– Deprivationsforschung: Umweltreize können das ZNS in der frühkindlichen Phase entscheidend beeinflussen.

Formen der Zusammenarbeit mit den Eltern:

Das Laienmodell: Autorität des Experten, Eltern erhalten Ratschläge.

Das Cotherapeutenmodell: Die Eltern werden als Cotherapeuten angeleitet, erhalten Programme als Hausaufgaben.

Das Kooperationsmodell: Partnerschaftliche Zusammenarbeit zwischen Fachleuten und Eltern; diese werden an der Erstellung von Förderkonzepten beteiligt.

Das Empowerment-Konzept: (Selbstermächtigung) Idee aus der amerikanischen Sozialarbeit, Autonomie der Eltern, Formen der Selbstbestimmung erweitern.

Physiotherapien:

Das Bobath-Konzept: in den 60er Jahren entwickelt, zentrale Prinzipien: Reflexhemmung (Inhibition), Bewegungserleichterung (Fazilitation), Tonusnormalisierung durch reflexhemmende Stellungen, Bahnung von Stell- und Gleichgewichtsreaktionen. Schlüsselpunkte: Kopf, Schulter, Hüfte.

Behandlungsmethode nach Vojta: Publikation Ende der 60er Jahre. Auslösen koordinierter Bewegungskomplexe (Reflexumdrehen, Reflexkriechen) durch Stimulation bestimmter Körperzonen.

Kapitel 4

Beispiel einer Gruppe von Studierenden der Universität Dortmund 1994

Erlebtes Lehrerverhalten in der Schulzeit

- autoritär
- Frontalunterricht
- langweilig
- Respektsperson
- interessanter Unterricht
- Freund

Eigene Vorstellungen

- Partner sein
- Lernhelfer
- Assistent
- Autorität sein
- anerkannt sein
- Selbstbestimmung der Kinder
- alles im Griff haben

Aufgabe 11   Beispiel einer Gruppe von Studierenden der Pädagogischen Hochschule Heidelberg 1996 (Ziele von Schule, s. Abb. 32)

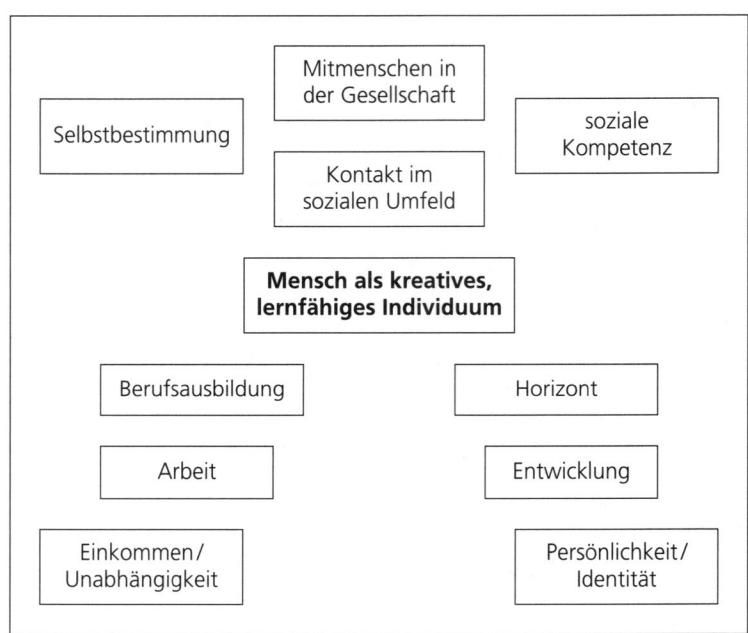

Abb. 32:
Lösungsvorschlag,
Ziele des Systems
Schule

Aufgabe 12   Integration: Wiederherstellung eines Ganzen, Gemeinsamer Unterricht von Kindern mit und ohne Behinderungen; personale Integration = Finden des persönlichen Gleichgewichts; soziale Integration = Eingliederung in die Gesellschaft.

Aufgabe 13   Rahmenbedingungen des Gemeinsamen Unterrichts: Weiterbildung des Personals, Klassenstärke ca. 16 Kinder (2 mit Behinderungen), Team-teaching, zusätzliches Personal, Therapien, Elternarbeit, bauliche Voraussetzungen, individualisierender Unterricht.

Kapitel 5

Personenkreis: „Menschen mit schwerster Behinderung": nur un-   **Aufgabe 14**
zulänglich definierbar, individuelle Persönlichkeit nur schwer er-
faßbar; Schwerstbehinderung in den Richtlinien: Mehrfachbehinderung, Verbindung von 2 oder mehr Behinderungen, gra-
vierende Ausprägungsformen.

Historische Entwicklung der Aufnahme von Kindern mit schwer-   **Aufgabe 15**
sten Behinderungen in Sonderschulen: Artikulation des Bildungsanspruchs vor mehr als 20 Jahren, Revision der Sonderschulaufnahmeverfahren notwendig, Ausschluß vom Schulbesuch
durch „untere Grenze", Aufnahme seit Ende der 70er Jahre, Bil-
dungsanspruch nicht bundesweit eingelöst, in verschiedenen Bundesländern Ruhen und Befreiung von der Schulpflicht möglich.

Zentrale Förderbedürfnisse: Grundversorgung, Ernährung, Lage-   **Aufgabe 16**
rung, therapeutische Angebote, pädagogische Förderung.

Kapitel 6

Aufbau der Werkstatt für Behinderte: Eingangsverfahren, Ar-   **Aufgabe 17**
beitstrainingsbereich, Produktionsbereich; Problematik der Aufnahme von Menschen mit schwerster Behinderung: Mindestmaß
an wirtschaftlich verwertbarer Arbeit, kein außerordentliches Pfle-
gebedürfnis, Gemeinschaftsfähigkeit (Aufnahmekriterien), Aufnahme in Tagesförderstätten, strukturierte Angebote von Förderung und Betreuung.

Wohnungsmöglichkeiten: behindertengerechte oder behinder-   **Aufgabe 18**
tenfreundliche Wohnungen, Servicehäuser, Körperbehindertensiedlungen, Wohnheime für Körperbehinderte, Selbsthilfefirmen, die Wohn- und Lebensmöglichkeiten bieten.

Aufgabe 19

Anregung zur Lektüre: Ausschnitte aus einer autobiographischen Erzählung (Knop 1998, 224–225)

„Ich fügte mich auch jetzt den Gegebenheiten und war mir schließlich sicher, ohne Frau leben zu können. ‚Ich komme auch ohne Weiber aus' hatte ich gerade wieder neulich vor Achim, einem Mitbewohner, geprahlt und über ihn den Kopf geschüttelt, als er ziemlich angetrunken zu uns ins Zimmer kam und mir vorjammerte, daß Elke, mit der er schon fünf Jahre lang eng befreundet war, plötzlich mit einem anderen Mann unserer Station zusammen sein wollte.

Doch nun, wo ich ganz nahe bei Käte stand und in ihr von der Sonne bestrahltes Gesicht sah, war ich wie verzaubert und meinte, noch nie ein schöneres Mädchen gesehen zu haben. Ganz ruhig und entspannt lag sie da und schien zu schlafen. Zum ersten Mal sah ich sie ohne diesen ständigen Spasmus, der ihren Gesichtsausdruck zu einer Fratze werden ließ. Wenn ich schon darunter leide, daß mein Gesicht von diesen Krämpfen entstellt wird, wie muß es dann erst Käte und den vielen anderen spastisch gelähmten Frauen ergehen? Was empfinden sie, wenn ihre Schönheit unter einer gummiartigen Fratze verborgen bleibt?

Ich fuhr nun ganz dicht an Käte heran und konnte mich nicht satt sehen. Die Sonne hatte ihre Wangen gerötet und gab dem Gesicht ein wunderschönes Aussehen. Besonders die Nase, diese kleine Stupsnase, hatte es mir angetan. Und auch die Lippen, schmal und geschlossen, bildeten in ihrer Strenge einen guten Kontrast zu ihrer sonst so fröhlichen Erscheinung. Kätes gleichmäßige Atemzüge und die Ruhe ihres sonst zappelnden Körpers versetzten mich in ein Entzücken, das ich zuvor nie gekannt hatte.

‚Jetzt möchte ich sie küssen, mich einfach über sie beugen, um meine Lippen auf die ihrigen zu drücken', ging es mir durch den Kopf. Wie das wohl sein mag, wenn man sich küßt, sich ganz nah ist, den Atem des anderen spürt und die warme, weiche Haut auf der eigenen fühlt?

Ich wurde in meinen Gedanken durch ein plötzliches Klappern gestört, das rasch näher kam und lauter wurde. In Kätes eben noch so friedlich daliegenden Körper kam plötzlich Bewegung. Ihre Arme und Beine fuchtelten ziellos in der Luft umher. Das Gesicht, in das ich mich gerade verliebt hatte, wurde wieder durch die spastischen Krämpfe verzerrt. Mit weit aufgerissenen Augen sah sie in die Gegend. ‚W-w-wo bin ich?' fragte sie. ‚Na, im Park, am Teich! Du hast so schön geschlafen, bis dieser blöde Essenswagen kam!' Ich zeigte in die Richtung der Haustür, wo gerade der Hausmeister wie jeden Mittag dabei war, klappernd die drei Thermowagen in das Haus zu schieben. Käte richtete sich auf, stützte sich auf ihren linken Ellenbogen und sah zur Haustür. ‚Mensch, Jürgen, tatsächlich schon wieder Mittagessen!' Sie ließ sich wieder auf die heruntergeklappte Rückenlehne ihres Rollstuhls fallen.

‚Hier ist es so schön! Ich habe gar keine Lust, in das blöde laute Haus zu fahren, wo den ganzen Tag die Radios dudeln. Laß uns hier bleiben, Jürgen, oder komm nach dem Essen wieder!' bat sie.

‚Nein, ich bleibe auch; ich habe überhaupt keinen Hunger!' log ich, obwohl mir das leise Grummeln aus der Magengegend etwas anderes verriet.

‚Schön, dann können wir uns ja noch weiter unterhalten!' freute sie sich.

‚Jetzt sag mal, was hast du in der Zeit gemacht, als ich schlief?' Sie sah mich lachend an.

‚Ich habe dich angeschaut, nur angeschaut! Du bist schön, Käte, wirklich schön!' antwortete ich wahrheitsgemäß.

‚Was, ich soll schön sein, ich häßlicher Vogel? Schön? Das sag mal meinem Vater! Der hat mich immer aus dem Zimmer gefahren, wenn wir Besuch bekamen.' ‚Das mußt du doch verstehen, Kätchen, der Besuch muß dich nicht unbedingt sehen. Weißt du, es ist besser, wenn nicht zu viele Menschen erfahren, daß wir ein krankes Kind haben!' meinte Mutter, wenn ich mich dagegen wehrte, von dem Besuch ausgesperrt zu werden. Und nun kommst du und behauptest, ich sei schön!' Sie lachte ein bitteres Lachen.

Ich weiß, Mutter, jetzt hätte ich ihr antworten müssen und ihr immer wieder sagen sollen, wie wunderschön ich sie fand. Doch hätte sie mir geglaubt? Wären ihr meine Worte nicht wie billiger Trost vorgekommen?

Wie ein Mühlrad drehten sich nach Kätes Bericht meine Gedanken. Nie hätte ich gedacht, daß es Eltern geben würde, die sich ihrer behinderten Tochter schämen. Glaub mir, Mutter, zu keiner Zeit dachte ich so dankbar an Dich wie in diesem Augenblick.

Schweigend sahen wir beide auf das Wasser des Teiches. Ein leichter Wind hatte sich aufgemacht, und auf den kleinen Wellen des Wassers ließen sich die Wildenten träge von der Mittagshitze auf und nieder schaukeln. Auch ich wurde müde, schloß die Augen und lauschte dem Wind, der in den Wipfeln der Bäume spielte.

Plötzlich – ich muß etwas eingenickt sein – hörte ich jemand meinen Namen rufen. „Knop! Jürgen Knop, wo bist Du?" Ich schreckte hoch, sah hinter mich und bemerkte an der Haustür einen Pfleger. Suchend schweifte sein Blick über das Gelände. Jetzt hatte er mich entdeckt und kam zu uns gelaufen."

Kapitel 7

Beispiel einer Gruppe von Studierenden der Fachhochschule **Aufgabe 20** Magdeburg 1999

Rollstuhlselbsterfahrung (Bericht, Auszüge)

1. Einleitung

In der Literatur wird immer wieder betont, wie wichtig es für helfende Berufe ist, die Perspektive der Klienten einzunehmen. Bei einer Rollstuhlselbsterfahrung stehen dabei das Sitzen im Rollstuhl und das Schieben des Rollstuhls im Mittelpunkt. Aber auch schon die Vorbereitung eines Ausfluges mit dem Rollstuhl bietet wesentliche Elemente der Selbsterfahrung. „Gehende" verabreden sich in der Regel unproblematisch, telefonieren kurz miteinander und treffen sich dann. Der Aufwand zur Vereinbarung eines Rollstuhlausfluges ist sehr viel größer, denn es müssen etliche zusätzliche Aspekte beachtet werden:

Wie wird das Wetter sein? – Es gibt nichts Schrecklicheres als Rollstuhlfahren im Regen.

Was muß ich anziehen? – Als Rollstuhlfahrer entwickelt man ein neues Temperaturempfinden.

Wo geht es hin? – Es ist beinahe unglaublich, wie man als Rollstuhl-Selbsterfahrungs-Paar mit seinen Kräften haushalten muß.

Wie zuverlässig sind die Hilfsmittel? – Es ist sehr belastend, wenn der Rollstuhl unterwegs Luft verliert oder durch die Art seiner Konstruktion nicht von selbst geradeaus fährt. Nicht jeder Rollstuhl ist zu jedem Zweck geeignet.

Die Frage, wie die Passanten auf einen jugendlichen Rollstuhlfahrer reagieren werden, kann sehr verunsichern.

Wie soll man sich verhalten, wenn ein Gespräch entsteht? – Gespräche entstehen sehr selten. In der Regel reagieren die Nicht-Rollstuhlfahrer nur durch mitleidige oder ablehnende Blicke. Wenn man jedoch gegen die Normen verstößt, die an die Rolle Rollstuhlfahrer geknüpft sind, steigt die Wahrscheinlichkeit, von den Passanten beschimpft zu werden. Es gehört sich für einen Rollstuhlfahrer nicht, einen großen Hund mit sich zu führen, zu rauchen, Witze zu erzählen, einen Partner im Rollstuhl zu haben oder Alkohol zu trinken. Als Rollstuhlfahrer ist man ein geschlechtsloses Wesen.

Aber auch derjenige, der den Rollstuhl schiebt, bereitet sich intensiver auf den Ausflug vor:

Befinden sich auf dem geplanten Weg größere Hindernisse? Wie werden die Passanten auf mich reagieren? Wie langweilig kann es werden, den Partner über einen längeren Zeitraum durch die Gegend zu schieben?

2. Ausflug – Ich im Rollstuhl

Kommunikation: Als ich im Rollstuhl saß, konnte ich nur das wahrnehmen, was unmittelbar vor mir geschah. Ein Laufender dreht sich bei Ansprache oder wenn er ein Geräusch hört einfach um. Der Rollstuhl erschwert dieses Umdrehen erheblich. Es ist bei diesem Ausflug ein paar Mal vorgekommen, daß Jan hinter meinem Rücken mit seinem Hund gespielt oder mit Passanten geschwatzt hat. Das hat mich etwas ärgerlich gemacht, weil ich nicht teilnehmen konnte und Jan auch nicht auf die Idee gekommen ist, mich umzudrehen.

Während der Fortbewegung ein Gespräch mit Jan zu führen, war für mich beinahe unmöglich. Laufende unterhalten sich, während sie gehen. Daß sie aber stehenbleiben und sich dem Rollstuhlfahrer zuwenden müssen, um mit ihm zu sprechen, begreifen die wenigsten. Weil ich Jan, wenn er nicht vor mir stand, nicht sehen konnte, habe ich auch nur die Hälfte von dem verstanden, was er gesagt hat. Ich hatte auch das Gefühl, daß das, was ich sagen wollte, bedeutungslos war. Nils war derjenige, der geschoben hat. Somit war er derjenige, der bestimmt hat, wo es langgeht. Jan hat mich auf eine Wiese geschoben und mit seinem Hund gespielt. Ich habe ihm dort dreimal gesagt, daß mir langweilig ist und er mich weiterschieben soll. Darauf hat er nicht reagiert. Dann habe ich Ansätze gemacht, mich aus dem Rollstuhl fallen zu lassen. Daraufhin sagte er mir, daß er mich nicht aufheben würde, daß ich dann zusehen müßte, wie ich wieder zurückkäme. Soviel zu Autonomie.

Es ist frustrierend, seine Fortbewegung nicht mehr selbst kontrollieren zu können. Als ich im Rollstuhl saß, fühlte ich mich auch nicht als vollwertiger Gesprächspartner. Alle schauten auf mich herab, auch Jan. Das machte mich noch kleiner, als ich so schon war.

Fahren: Wenn man im Rollstuhl sitzt, kann man seinen Blick kaum vom Boden abwenden. Dafür gibt es wahrscheinlich unterschiedliche Ursachen. Eine mag die panische Angst sein, aufgrund einer Bodenunebenheit aus dem Rollstuhl zu fallen. Im Rollstuhl merkt man jedes Steinchen. Auch wenn Jan ein erfahrener Rollstuhlschieber ist, zu dem ich viel Vertrauen hatte, gab es einige Situationen, in denen ich mich genau aus dieser Angst in die Armlehnen gekrallt habe.

Im Rollstuhl entwickelte ich ein ganz anderes Temperaturempfinden. Trotz mehrerer Paar Strümpfe, Hosen, Sweatshirts und dicker Jacke habe ich bei +10 Grad gefroren. Oberschenkel, Kopf, Hände und Füße müssen nach meiner Erfahrung besonders warm eingepackt werden.

Wir waren während der Abenddämmerung unterwegs. Das hatte an Straßen den Nachteil, daß ich ständig von Autos geblendet wurde. Als Rollstuhlfahrer befindet man sich auf einer Höhe mit den Autoscheinwerfern. Teilweise habe ich deshalb nur noch weiße Lichter gesehen. Aber auch wenn ich einmal ein interessantes Plakat gesehen habe, das ich gern genauer betrachtet hätte, war das nicht möglich. Dazu mußte ich nämlich Jan erklären, daß er anhalten solle und aus welchem Grund. Bis er das verstanden hatte, waren wir schon längst an dem Plakat vorbei. Irgendwann habe ich aufgehört, mich für das zu interessieren, was um mich herum geschah. Ich bekam sowieso immer nur die Hälfte mit. Das war langweilig. Alles dauerte sehr lange. Man braucht nur die Hälfte der Zeit, wenn man läuft. Im Rollstuhl wird es schnell langweilig.

Sehr unangenehm war es, wenn Jan mich angekippt über die ganze Straße geschoben hat. Erstens hatte ich dadurch eine Lage wie ein kleines Baby, sah meine eigenen Füße und hatte meinen Kopf an Jans Bauch. Als Rollstuhlfahrer in Kinderwagenlage über die Straße geschoben zu werden, ist ziemlich erniedrigend. Leider merkt das nur der, der im Rollstuhl sitzt. Wenn der Rollstuhl nur auf zwei Rädern geschoben wird, fühlt er sich besonders instabil an. Und ich wußte, daß es für Jan eine Belastung war, mich angekippt über die Straße zu schieben.

Auch wenn ich damit keine schlechten Erfahrungen gemacht hatte: Im Rollstuhl hatte ich Angst, daß mich jemand angreifen, umwerfen oder verprügeln könnte. Im Rollstuhl fühlte ich mich wehr- und schutzlos.

Sehr belastet hat mich, daß Jan mir ständig gesagt hat, wie schwer ich bin, daß er deshalb niemals längere Strecken mit mir im Rollstuhl zurücklegen wird.

Man wird klein und verletzlich, wenn man im Rollstuhl sitzt. Ich hatte versucht, Eigeninitiative zu übernehmen, d. h. den Rollstuhl selbst fortzubewegen. Ergebnis war, daß der Straßendreck an meiner Jacke klebte.

Mitmenschen: Leider sind wir auf diesem Ausflug nur drei Damen und vier Hunden begegnet. Deshalb kann ich über das Verhalten der Passanten nichts sagen. Ich muß aber auch zugeben, daß ich keine große Lust darauf hatte, vielen Menschen zu begegnen und die mitleidvollen oder ablehnenden Blicke zu ertragen, die ich vom letzten Ausflug kannte.

3. Schlußbemerkung

Ich glaube, daß bei einer Rollstuhlselbsterfahrung weniger mehr ist. Ich finde es aber auch sehr spannend, mit einem Rollstuhl ins Theater oder zu einer Ausstellung zu fahren. Aber auch die Hauptstraße und der Park halten genügend überraschende Erfahrungen bereit.

Warum schaust Du weg?
Weil ich vom gesellschaftlichen Ideal der Jugendlichkeit,
Mobilität, Vitalität und Schönheit abweiche?!

Warum schaust Du weg?
Weil ich Dich durch meine Andersartigkeit fasziniere,
Du mich gern entdecken möchtest,
aber die erwartete Distanz nicht überschreiten darfst?!

Warum schaust Du weg?
Weil Du glaubst, daß ich an meinem So-Sein selbst die Schuld trage,
Du deshalb Angst vor Deiner eigenen Schuld
und Deinem eigenen Schicksal hast?!

Warum schaust Du weg?
Weil ich Dein Bild von einer gerechten Welt erschüttere?!

Warum schaust Du weg?
Weil Du als Kind gelernt hast, daß Gesundheit und
körperliche Unversehrtheit die höchsten Güter im Leben sind?!

Warum schaust Du weg?
Weil Du nichts über mich weißt?!

Warum schaust Du weg?
Wie Du mich brauchst, um Dich selbst stark zu machen,
damit aber nur Deine eigene Schwäche zeigst?!

Warum schaust Du weg?

Schau mich an und Du siehst Dich selbst!

(Bericht und Gedicht von Sven Ottilie)

Elektronische Kommunikationshilfen: Stationäre und transportable **Aufgabe 21**
Geräte, Geräte mit und ohne Sprachausgabe, direkter Zugang
oder Scanning-Verfahren, natürliche oder synthetische Sprachausgabe

Tabellarische Übersicht: Formen der Körperbehinderung

Schädigung: Gehirn und Rückenmark

Einteilung	Erscheinungsform	Verursachung
1. Cerebrale Bewegungsstörung* (frühkindlich: „Infantile Cerebralparese" oder später erworben)	Abnorme Muskelspannung, Störung der Bewegungskoordination Einteilung in: *Spastik:* Hypertonus (erhöhter Muskeltonus), veränderte Bewegungsmuster *Athetose:* Muskeltonus schwankend, asymmetrische Bewegungen, unkontrollierte Mimik *Ataxie:* Hypotonus (verringerte Muskelspannung), Gleichgewichtsstörungen, mangelnde Bewegungssteuerung Einteilung in: *Tetraplegie:* der gesamte Körper ist betroffen (Arme, Beine, Rumpf, Hals, Kopf) *Diplegie:* alle vier ,Extremitäten betroffen, Beine stärker betroffen als die Arme *Hemiplegie:* eine Körperhälfte betroffen Cerebrale Bewegungsstörungen treten häufig als Mischformen und als Mehrfachbehinderung auf: Sprechstörungen (Dysarthrie, Anarthrie), Anfallsleiden, Wahrnehmungsstörungen, Hörstörungen	Prä-, peri-, postnatale Schädigung des *unreifen* Gehirns durch: Infektionen während der Schwangerschaft, Sauerstoffmangel während der Geburt, entzündliche Erkrankungen des Gehirns im Säuglingsalter Schädigung des *ausgereiften* Gehirns durch: Hirntumor, Schädel-Hirn-Trauma
2. Querschnittslähmungen a) Angeborene Schädigung: durch Spina bifida	Häufig Hydrocephalus (Wasserkopf), motorische und sensible Lähmungen der Beine, Blasen- und Mastdarmstörungen	Angeborene Fehlbildung des Rückenmarks, mangelhafter Verschluß des Wirbelkanals, gestörter Abfluß des Gehirnwassers, Ursache unklar
b) Erworbene Schädigung: durch Verletzung oder Erkrankung	je nach Höhe der Rückenmarksschädigung: motorische und sensible Ausfälle der entsprechenden Körperregion, Störungen des Urogenitalbereiches und des Mastdarms	Unfall, Erkrankung (Tumor)
3. Spinale Kinderlähmung (Poliomyelitis)	Schlaffe Lähmung ohne Sensibilitätsstörungen	Infektion: Poliovirus befällt vornehmlich die motorischen Vorderhornzellen des Rückenmarks

(Fortsetzung)

Schädigung: Muskulatur- und Skelettsystem

Einteilung	Erscheinungsform	Verursachung
4. Progressive Muskeldystrophien	Verschiedene Formen, häufigste Variante: Muskeldystrophie Typ Duchenne, Abbau des Muskelgewebes, Lebenserwartung herabgesetzt	Anlagebedingt, dominante und rezessive Erbgänge
5. Dysmelie	Fehlbildungen oder Fehlen von Gliedmaßen	Medikamentöse Einwirkung (Schlafmittel Contergan), Strahleneinwirkung, genetische Störung
6. Glasknochenkrankheit (Osteogenesis imperfecta)	Erhöhte Knochenbrüchigkeit	Erblich bedingt, Chromosomenveränderungen
7. Fehlstellungen der Wirbelsäule	Skoliose: seitliche Verbiegung Kyphose: Verkrümmung nach hinten Lordose: Verkrümmung nach vorn	Erblich bedingt, angeboren oder erworben

Schädigung: Chronische Krankheit und Fehlfunktion von Organen

Einteilung	Erscheinungsform	Verursachung
8. Rheumatische Erkrankungen	Fortschreitende Entzündungen der Gelenke und Knochen	Unklar
9. Fehlbildungen des Herzens, Erkrankungen von Herz und Kreislauf	Belastbarkeit herabgesetzt	Erblich bedingt, Spätere Herz-Kreislauf-Erkrankungen auch durch Lebensweise mitbedingt
10. Hauterkrankungen	Allergische Reaktionen, Exeme, Neurodermitis, Schuppenflechte	Zahlreiche Einflußfaktoren: z. T. erblich mitbedingt, z. T. psychogen, z. T. Überbelastung mit allergenen Stoffen

*   hierunter werden auch Kinder mit Teilleistungsstörungen gefaßt, wenn eine cerebrale Bewegungsstörung nachgewiesen werden kann (Kapitel 4, spezielle pädagogische Aufgabenfelder)

Anmerkung: Die Systematik erfolgt in Anlehnung an Schmidt (1983), von Pawel (1984) und Leyendecker und Kallenbach (1989); differenziertere Informationen über seltener auftretende Krankheitsbilder und Behinderungsformen können Sie folgendem Buch entnehmen: Kallenbach (1998): Kinder mit besonderen Bedürfnissen. Ausgewählte Krankheitsbilder und Behinderungsformen.

Testverfahren

Die Auswahl der hier vorgestellten Testverfahren richtet sich nach Aktualität und Anwendungshäufigkeit in der Körperbehindertenpädagogik.

ITK (Intelligenztest für 6- bis 14jährige körperbehinderte und nichtbehinderte Kinder, Neumann): Das Verfahren setzt keine differenzierte Feinmotorik voraus und ist zeitlich nicht begrenzt. Es wurde speziell für den Personenkreis von Kindern mit Körperbehinderungen zusammengestellt. Verschiedene Untertests sind sprachfrei. Erforderlich ist eine gute visuelle Wahrnehmung.

SON-R (Snijders-Oomen Nicht-verbaler Intelligenztest, Revision 1989): Intelligenztest für die Altersgruppe: 5,5 bis 17 Jahre. Das Verfahren ist sprachfrei. Die Subtests können einzeln ausgewertet werden. Erforderlich ist eine gute visuelle Wahrnehmung. Der Test wurde nicht für Kinder mit einer geistigen Behinderung oder mit einer cerebralen Bewegungsstörung standardisiert.

Diagnostik „mit Pfiffigunde" (Cardenas): Das Screeningverfahren gibt Aufschluß über Auffälligkeiten im Wahrnehmungs- und Bewegungsbereich. Unterschiedliche Beobachtungssituationen ermöglichen, vom kindlichen Verhalten auf senso- und psychomotorische Probleme schließen zu können. Die Beobachtungen umfassen: Grob- und Feinmotorik, Lateralitätsentwicklung, Perzeptionsfähigkeiten und Entwicklung des Körperschemas. Die Diagnostik ist für Kinder im Alter von 5–8 Jahren gedacht. Es handelt sich nicht um ein standardisiertes Testverfahren.

FEW (Frostigs Entwicklungstest der visuellen Wahrnehmung): Der Test ist im deutschsprachigen Raum das bekannteste Diagnoseverfahren zur Ermittlung der visuellen Wahrnehmungsfähigkeit. Normiert wurde er für Kinder zwischen 4 und 8 Jahren. Der FEW überprüft: visomotorische Koordination, Figur-Grund-Wahrnehmung, Wahrnehmungskonstanz, Wahrnehmung der Raumlage und die Wahrnehmung räumlicher Beziehungen. Es kann ein Perzeptionsquotient ermittelt werden, der Aufschluß gibt über das Ausmaß der visuellen Perzeptionsstörung.

Förderdiagnostik mit schwerstbehinderten Kindern (Fröhlich/Haupt): Das Verfahren leitet zur Beobachtung in folgenden Bereichen an: Beziehung zwischen Bezugsperson und Kind, Reaktion des Kindes auf Sprache, sprachliche Äußerungen des Kindes, Reaktionen auf äußere Reize, Bewegungen des ganzen Körpers, räumliches Erleben, Trinken und Essen, Umgang mit dem Kind. Es handelt sich um ein qualitatives Testverfahren. Die meisten Items sind vier aufeinanderfolgenden Niveaustufen zugeordnet, die der kindlichen Normalentwicklung in den ersten vier Lebensquartalen entsprechen.

PAC (Pädagogische Analyse und Curriculum der sozialen und persönlichen Entwicklung, Günzburg): Das Verfahren ist im englischen Sprachraum seit den 70er Jahren im Gebrauch und wird auch in Schulen für

Geistigbehinderte und in Schulen für Körperbehinderte genutzt. Auch hierbei handelt es sich nicht um ein Testverfahren im üblichen Sinne. In ein kreisförmiges Diagramm werden die Fähigkeiten in vier Entwicklungsbereichen eingetragen: Selbsthilfe, Verständigungsvermögen, Sozialanpassung und Beschäftigung. Eine Sonderform des Verfahrens (S/P) ist auf den Personenkreis von Menschen mit schwersten Behinderungen ausgerichtet. Innerhalb von vier Bereichen (Selbsthilfe, Verständigungsvermögen, Sozialanpassung und Motorik) können die erreichten Leistungen über 181 Items in einer Rosettenform eingetragen werden.

Gesetzestexte (Auswahl)

Kinder- und Jugendhilfegesetz (KJHG)
Leitendes Interesse: Förderung, Erziehung und Entwicklung von Kindern und Jugendlichen. Maßnahmen zur Unterstützung der Familie oder bei ernsthaften Gefährdungen des Kindes die Trennung von den Eltern. Ausführende Organe sind die jeweiligen Jugendämter.
Quelle: Jugendrecht (1997). Beck/dtv, 21. A. München

Bundessozialhilfegesetz (BSHG)
Leitendes Interesse: Regelt in individuellen Notlagen die Rechtsansprüche der Bürger auf Hilfen durch die öffentliche Verwaltung. Zuständig sind die örtlichen (Sozialamt) und überörtlichen Sozialträger (Landessozialamt, Landschaftsverband). Bei der Sozialhilfe wird unterschieden zwischen: Hilfe zum Lebensunterhalt, Hilfen in besonderen Lebenslagen, Eingliederungshilfe für Behinderte (z.B. Versorgung und Hilfsmittel).
Quelle: Bundessozialhilfegesetz (1997): Beck/dtv, 7. A. München

Schwerbehindertengesetz (SchbG)
Leitendes Interesse: Hat die Eingliederung schwerbehinderter Menschen in Arbeit, Beruf und Gesellschaft zum Ziel. Es regelt insbesondere folgende Fragen: Beschäftigungspflicht des Arbeitgebers, behindertengerechte Gestaltung der Arbeitsplätze, Kündigungsschutz für Schwerbehinderte, Förderung von Werkstätten für Behinderte.
Quelle: Schwerbehindertengesetz (1997): Beck/dtv, 20. A. München

Informationsquellen

Verbände, Vereine

Bundesverband für Körper- und Mehrfachbehinderte e. V. Brehmstraße
5 – 7, 40239 Düsseldorf
Bundesarbeitsgemeinschaft Hilfe für Behinderte (BAGH) (Hrsg.):
Kommunikation zwischen Partnern. Schriftenreihen zu einzelnen Be-
hinderungsformen: Querschnittslähmung, rheumatische Erkrankung,
Muskelkrankheiten, cerebrale Bewegungsstörung, Spina bifida usw.
Bezugsquelle: BAGH, Kirchfeldstraße 149, 40215 Düsseldorf
Arbeitsgemeinschaft Spina bifida und Hydrocephalus e. V., Münsterstraße
13, 44145 Dortmund
Bundesverband Selbsthilfe Körperbehinderter e.v., Altkrautheimer
Straße 17, 74238 Krautheim-Jagst
Deutsche Gesellschaft zur Bekämpfung der Muskelkrankheiten e.v.,
Im Moos 4, 79112 Freiburg
Arbeitsgemeinschaft Behinderte in den Medien e.v., Bonner Platz 1,
80803 München

Videofilme der Arbeitsgemeinschaft Behinderte in den Medien

So fing es an – orthopädische Hilfsmittel im Spiegel der Jahrhunderte
(Bestellnr.: K 010)
Tränen, die man nicht sehen kann – Frau Rottmann und ihr Verlag
(Bestellnr.: K 033)
Orthopädische Hilfsmittel: Rollstühle (Bestellnr.: K 041)
Was Sie schon immer über Spastiker wissen wollten … (Bestellnr.: K 052)
Rollstuhlerfahrung (Bestellnr.: K 058)

Zeitschriften

Zeitschrift für Heilpädagogik
    Herausgegeben vom Verband Deutscher Sonderschulen e.V./Fach-
    verband für Behindertenpädagogik, erscheint monatlich, enthält so-
    wohl theoretische als auch praxisorientierte Arbeiten und Unter-
    richtsbeispiele, aktuelle Informationen über Kongresse und Weiter-
    bildungsveranstaltungen.
Das Band
    Herausgegeben vom Bundesverband für Körper- und Mehrfachbe-
    hinderte e.v., erscheint 5 x jährlich mit einer Doppelnummer um die
    Jahresmitte, enthält praxisbezogene Arbeiten und Informationen zu
    aktuellen Fragen und Problemstellungen von Menschen mit einer Kör-
    perbehinderung.
Förderschulmagazin
    Herausgegeben vom Verband Deutscher Sonderschulen e.V. – Fach-
    verband für Behindertenpädagogik, erscheint 11 x jährlich, enthält
    Unterrichtsbeispiele in kompakter Form mit den entsprechenden
    Kopiervorlagen.

Kommentierte Bibliographie

Bundesverband für Körper- und Mehrfachbehinderte e. V. (Hrsg.) (1993): Kinder mit cerebralen Bewegungsstörungen. Eine Einführung. Selbstbestimmtes Leben, Düsseldorf
Die Informationsbroschüre gibt eine Einführung zu folgenden Themenbereichen: Medizinische Grundlagen, Aspekte der Förderung, cerebrale Bewegungsstörung und Mehrfachbehinderung. Das Informationsheft wird durch ein Glossar abgerundet.

Eberwein, H. (Hrsg.) (1997): Behinderte und Nichtbehinderte lernen gemeinsam. Handbuch der Integrationspädagogik. 4. A. Beltz, Weinheim/ Basel
Das Handbuch zur Integrationspädagogik gibt einen Überblick über zentrale Forschungsergebnisse. Themenbereiche: Rechtliche Grundlagen gemeinsamer Erziehung, Integration in Kindergarten und Schule, Fragen der Zusammenarbeit verschiedener Berufsgruppen, Didaktik des Gemeinsamen Unterrichts.

Haupt, U., Jansen, G. W. (Hrsg.)(1983): Handbuch der Sonderpädagogik, Bd. 8, Pädagogik der Körperbehinderten. Edition Marhold, Berlin
Das Handbuch gibt einen Gesamtüberblick über zentrale Inhalte der Körperbehindertenpädagogik. Darüber hinaus werden relevante Kenntnisse aus den Bereichen Medizin, Psychologie und Soziologie zusammengetragen.

Hedderich, I., Dehlinger, E. (1998): Bewegung und Lagerung im Unterricht mit schwerstbehinderten Kindern. Ernst Reinhardt, München/ Basel
In diesem Buch werden die Bewegungsstörungen, die bei Kindern mit schwersten Behinderungen auftreten können, anhand der infantilen Cerebralparese exemplarisch aufgezeigt. Es wird dargelegt, wie therapeutische und pädagogische Inhalte im Unterricht miteinander verknüpft werden können. Ein breit angelegter Praxisteil illustriert anhand von Photos, wie bewegungsunterstützende Maßnahmen in den Unterricht einfließen können.

Kalbe, U. (1995): Hilfsmittelversorgung bei Kindern mit Körperbehinderungen. Leitlinien zur Indikation, Auswahl und Anpassung. Gustav Fischer, Stuttgart/Jena/New York
In verständlicher Form werden Fragen der Hilfsmittelversorgung behandelt. Nach grundlegenden Informationen zur Auswahl und Anpassung eines Hilfsmittels werden Transportmittel, Alltagshilfen und Kommunikationshilfen durch einen Bildteil gut illustriert.

Kristen, U. (1994): Praxis Unterstützte Kommunikation. Eine Einführung. Selbstbestimmtes Leben, Düsseldorf
Die Einführung informiert praxisorientiert über den Ansatz der „Unterstützten Kommunikation". Sowohl Ausdruckssysteme als auch technische Hilfsmittel werden erläutert. Der Aufbau von Kommunikationsförderung wird anschaulich beschrieben.

Staatsinstitut für Sonderpädagogik und Bildungsforschung München (Hrsg.) (1993): Die Schule für Körperbehinderte. Leitgedanken zu Erziehung, Unterricht und Förderung.
Das Heft zeigt Leitgedanken der Schule für Körperbehinderte auf. Erläutert werden: Formen von Körperbehinderung, Organisation der Schulform, Erziehung, Unterricht, Therapie, Pflege und Diagnostik.

Literatur

Adam, H. (1993): Mit Gebärden und Bildsymbolen kommunizieren. Voraussetzungen und Möglichkeiten von Menschen mit geistiger Behinderung. Edition Bentheim, Würzburg

Anstötz, Ch. (1987): Wie ausgebrannt sind Geistigbehindertenpädagogen wirklich? Behindertenpädagogik 26, 286–289

Ayres, A. J. (1984): Bausteine der kindlichen Entwicklung. Springer, Berlin/Heidelberg/New York

Barlsen, J., Bungart, J. (1996): Unterstützte Beschäftigung von Menschen mit Behinderung: Zwischenbericht über den Stand der Forschungsarbeiten. Westfälische Wilhelmsuniversität, Münster

Barth, A. R. (1992): Burnout bei Lehrern. Hogrefe, Göttingen/Toronto/Zürich

Becker, R., Autorenkollektiv (1978): Früherziehung geschädigter Kinder. Volk und Wissen, Berlin

Berndt, H., Autorenkollektiv (1986): Rehabilitationspädagogik für Körperbehinderte. Verlag Volk und Gesundheit, Berlin

Biesalski, K. (1926): Grundriß der Krüppelfürsorge. Vo, Leipzig

Bittner, G., Thalhammer, M. (Hrsg.) (1989): „Das Ich ist vor allem ein körperliches." Zum Selbst des körperbehinderten Kindes. Edition Bentheim, Würzburg

Bläsig, W. (1967): Die Rehabilitation der Körperbehinderten. Ernst Reinhardt, München/Basel

–, Jansen, G. W., Schmidt, M. H. (Hrsg.) (1975): Die Körperbehindertenschule. Eine Darlegung der gegenwärtigen didaktischen und methodischen Konzeption. 2. A. Edition Marhold, Berlin

Bleidick, U., Hagemeister, U. (1995): Einführung in die Behindertenpädagogik I. Allgemeine Theorie der Behindertenpädagogik. 5. A. Kohlhammer, Stuttgart/Berlin/Köln

Bloemers, W., Oskamp, U., Schelenz, U. (1992): Kollisionen – Trialog zur Problematik der Aufnahme von Kindern mit Teilleistungsschwächen („MCD", „SI-Störungen", „Hyperkinetisches Syndrom"etc.) in Schulen für Körperbehinderte. Mitteilungen. Verband Deutscher Sonderschulen e. V. Fachverband für Behindertenpädagogik, Landesverband Nordrhein-Westfalen e. V. 4, 9–35

Bobath, B. (1983): Die motorische Entwicklung bei Zerebralparesen. Thieme, Stuttgart

Bölling-Bechinger (1998): Frühförderung und Autonomieentwicklung. Diagnostik und Interventionen auf personenzentrierter und bindungstheoretischer Grundlage. Edition Schindele, Heidelberg

Bracken von, H. (1976): Vorurteile gegenüber behinderten Kindern, ihren Familien und Schulen. Edition Marhold, Berlin

Braun, U. (Hrsg.) (1994): Unterstützte Kommunikation, Selbstbestimmtes Leben, Düsseldorf

Breitinger, M., Fischer, D. (1981): Intensivbehinderte lernen leben. Neues Lernen mit Geistigbehinderten, Würzburg

Bundesverband für spastisch Gelähmte und andere Körperbehinderte e. V. (Hrsg.) (1990): Selbstbestimmtes Leben. Lebensberichte und Analysen aus der Sicht behinderter Menschen. Düsseldorf

Bundesvereinigung Lebenshilfe für geistig Behinderte (Hrsg.) (1992): Annehmen und Verstehen – Förderung von Menschen mit sehr schweren Behinderungen. Lebenshilfe, Düsseldorf

Bundschuh, K. (1995): Sonderpädagogische Förderzentren – Antwort auf eine heterogene Schülerschaft? Zeitschrift für Heilpädagogik 46, 576–581

Burisch, M. (1994): Das Burnout-Syndrom. Theorie der inneren Erschöpfung. 2. A. Springer, Berlin/Heidelberg/New York

Cardenas, B. (1996): Diagnose mit Pfiffigunde. Ein kindgemäßes Verfahren zur Beobachtung von Wahrnehmung und Motorik bei Kindern von 5–8 Jahren. 4. A. Modernes Lernen, Dortmund

Cloerkes, G. (1980): Einstellung und Verhalten gegenüber Körperbehinderten. Edition Marhold, Berlin

– (1982): Die Kontakthypothese in der Diskussion um die Verbesserung der gesellschaftlichen Teilhabechancen Behinderter. Zeitschrift für Heilpädagogik 33, 561–568

Dank, S. (1992): Individuelle Förderung Schwerstbehinderter. Konkrete Beispiele, Programme, Übertragungsmöglichkeiten. 4. A. Modernes Lernen, Dortmund

Deppe-Wolfinger, H., Preugel, A., Reiser, H. (Hrsg.) (1990): Integrative Pädagogik in der Grundschule. Deutsches Jugendinstitut, Weinheim/München

Der Kultusminister des Landes Nordrhein-Westfalen (1973): Verfahren bei der Aufnahme in Sonderschulen und beim Übergang von Sonderschulen in allgemeine Schulen vom 20.12.1973

– (1978): Aufnahme Schwerstbehinderter in Sonderschulen, Runderlaß vom 12.07.1978

– (1985): Richtlinien für die Förderung schwerstbehinderter Schüler in Sonderschulen und Hinweise für den Unterricht. Runderlaß vom 25.02.1985

– (1995): Verordnung über die Feststellung des sonderpädagogischen Förderbedarfs und die Entscheidung über den schulischen Förderort (VO-SF) vom 22.05.1995

Deutscher Bildungsrat – Empfehlungen der Bildungskommission (1974a): Zur pädagogischen Förderung Behinderter u. von Behinderung bedrohter Kinder und Jugendlicher. Klett, Stuttgart

–, Gutachten und Studien der Bildungskommission – Sonderpädagogik 4 (1974b): Verhaltensgestörte, Sprachbehinderte, Körperbehinderte. Klett, Stuttgart

–, Gutachten und Studien der Bildungskommission – Sonderpädagogik 5 (1975): Blinde, Sehbehinderte, Mehrfachbehinderte. Klett, Stuttgart

Dumke, D. (1991): Schulleistungen nichtbehinderter Schüler in Integrationsklassen. Zeitschrift für Pädagogische Psychologie 25, 33–42

– (Hrsg.) (1993): Integrativer Unterricht: Gemeinsames Lernen von Behinderten und Nichtbehinderten. 2. A. Beltz, Weinheim

Ebert, D. (Hrsg.) (1984): Wer behindert wen? Eltern behinderter Kinder und Fachleute berichten. Fischer, Frankfurt a. M.

Eberwein, H. (Hrsg.) (1997): Behinderte und Nichtbehinderte lernen gemeinsam. Handbuch der Integrationspädagogik. 4. A. Beltz, Weinheim/Basel

Eckmann, Th. (1985): Selbstsein unter Seinesgleichen? Identitätsförderung Körperbehinderter an der Schule für Körperbehinderte. Edition Marhold, Berlin

Ellger-Rüttgardt, S. (1995): Die aktuelle bildungspolitische Diskussion um die Förderung von Kindern und Jugendlichen mit schwersten Behinderungen. Zeitschrift für Heilpädagogik 46, 132–138

Esser, O. (1975): Soziale Einstellungen von Schulkindern zu körperbehinderten Mitschülern. Edition Schindele, Rheinstetten

Feuser, G. (1997): Aspekte einer integrativen Didaktik unter Berücksichtigung tätigkeitstheoretischer und entwicklungspsychologischer Erkenntnisse. In: Eberwein 1997, 215-226

Fikar, H. (1987): Körperorientierte Förderansätze bei Menschen mit schwerer geistiger Behinderung. Geistige Behinderung, 26, Heftmitte

Fink, A. (1998): Praxis der Konduktiven Förderung nach A. Petö. Ernst Reinhardt, München/Basel

Flehmig, I. (1996): Normale Entwicklung des Säuglings und ihre Abweichungen. 5. A. Thieme, Stuttgart

Frey, H. (1987): Die Bliss-Symbol-Kommunikationsmethode. Eine Einführung. Julius Groos, Heidelberg

Fritz, A., Frobese, R., Esser, O., Keller, R., Spengler, M. (1989): Schule zum Anfassen. Ein Förderkonzept. Edition Schindele, Heidelberg

Fröhlich, A. (1991): Basale Stimulation. Selbstbestimmtes Leben, Düsseldorf

–, Haupt, U. (1993): Förderdiagnostik mit schwerstbehinderten Kindern. 6. A. Modernes Lernen, Dortmund

Frostig, M. (1996): Frostigs Entwicklungstest der visuellen Wahrnehmung (FEW). 8. A. Hogrefe, Göttingen

Gehrmann, M., Radatz, J. (1997): „Stigma-Management als Aufgabe von Integrationsfachdiensten für Menschen mit Lernschwierigkeiten". Gemeinsam Leben 5, 66–72

Grunwald, G. (1993): Freizeiterziehung und Freizeitgestaltung. In: Wellmitz, B., von Pawel, B. (Hrsg.): Körperbehinderung. Ullstein Mosby, Berlin, 191–198

Gudjons, H. (1989): Handlungsorientiert lehren und lernen. Projektunterricht und Schüleraktivität. Klinkhardt, Bad Heilbrunn

Günzburg, C. (1990): PAC-Form S/P. 2. A. Lebenshilfe Marburg

Hackenberg, W. (1983): Die psycho-soziale Situation von Geschwistern behinderter Kinder. Edition Schindele, Heidelberg

Hahn, M. (1971): Bedarf es einer besonderen Didaktik für die Schule für Körperbehinderte? In: Wolfgart, H., Begemann, E. (Hrsg.): Das körperbehinderte Kind im Erziehungsfeld der Schule. Edition Marhold, Berlin, 163–180

– (1985): Zum Ausbrennen (Burnout-Syndrom) im Zusammenleben mit schwerstbehinderten Menschen. Vierteljahresschrift für Heilpädagogik und ihre Nachbargebiete, 54, 31–44

Hartmann, N. (Hrsg.) (1972): Beiträge zur Pädagogik der Mehrfachbehinderten. Bd. 1. Edition Schindele, Rheinstetten

– (Hrsg.) (1973): Beiträge zur Pädagogik der Mehrfachbehinderten. Bd. 2. Edition Schindele, Rheinstetten

Haupt, U. (1974): Dysmelie-Kinder am Ende der Grundschulzeit. Edition Schindele, Rheinstetten

– (1983): Grundschule. In: Haupt/Jansen 1983, 139–149

– (1996): Körperbehinderte Kinder verstehen lernen. Auf dem Weg zu einer anderen Diagnostik und Förderung. Selbstbestimmtes Leben, Düsseldorf

– (1997): Eltern berichten über Erfahrungen mit der Schule ihrer körperbehinderten Kinder. Zeitschrift für Heilpädagogik 48, 152–156

–, Fröhlich, A. (1982): Entwicklungsförderung Schwerstbehinderter. Bericht über einen Schulversuch, Teil I. Kultusministerium Rheinland-Pfalz, Mainz

–, Jansen, G. W. (Hrsg.) (1983): Handbuch der Sonderpädagogik. Bd. 8. Pädagogik der Körperbehinderten. Edition Marhold, Berlin

Hedderich, I. (1991): Schulische Situation und kommunikative Förderung Schwerstkörperbehinderter. Regionale Totalerfassung und kritische Situationsanalyse auf Grund empirischer Erhebungen bei Kindern und Jugendlichen mit schwersten cerebralen Bewegungsstörungen und Dys- oder Anarthrie. Edition Marhold, Berlin

– (1992): Kommunikative Förderung von Kindern und Jugendlichen mit schwersten cerebralen Bewegungsstörungen. Geistige Behinderung 31, 1–21

– (1993a): „Unterwegs im Namen der Integration" – Erfahrungsbericht einer Ambulanzlehrerin. Mitteilungen. Verband Deutscher Sonderschulen e. V. Fachverband für Behindertenpädagogik. Landesverband Nordrhein-Westfalen e. V. 3, 35–37

– (1993b): Pädagogische Förderung Schwerstbehinderter – Ein notwendiges Studienangebot in der universitären Ausbildung von Sonderschullehrern. Zeitschrift für Heilpädagogik 44, 795–799

– (1994a): Unterricht mit Körperbehinderten in Beispielen. Eine Unterrichtseinheit aus dem emotional-sozialen Lernbereich. Graphologic, Köln

– (1994b): Markus schwingt am Seil. Ein Grundschüler mit Teilleistungsstörungen in der Regel-Grundschule. Grundschulmagazin 9, 36–37

– (1994c): „Unser Morgenkreis mit einem Musikinstrument" – ein Beispiel aus der schulischen Arbeit mit Schwerstbehinderten. Lernen konkret 13, 29–32

- (1995): „Freie Arbeit mit Geistigbehinderten". Förderschulmagazin 17, 5–7
- (1997a): Formen der Förderung schwerstmehrfachbehinderter Kinder und Jugendlicher in Sonder- und Regelschulen. Pädagogische Impulse. Fachverband für Behindertenpädagogik Baden-Württemberg 30, 103–107
- (1997b): Burnout bei Sonderschullehrerinnen und Sonderschullehrern. Eine vergleichende empirische Untersuchung, durchgeführt in Schulen für Körperbehinderte und in Hauptschulen, auf der Grundlage des Maslach-Burnout-Inventory. Edition Marhold, Berlin
- (1997c): Wie ausgebrannt fühlen sich Sonderschullehrer für Körperbehinderte? Ergebnisse einer empirischen Untersuchung. Mitteilungen. Verband Deutscher Sonderschulen e. V. Fachverband für Behindertenpädagogik, Landesverband Nordrhein-Westfalen e.V. 4, 34–45
- , Dehlinger, E. (1998): Bewegung und Lagerung im Unterricht mit schwerstbehinderten Kindern. Ernst Reinhardt, München/Basel
- , Hirsch, T. (1998): Welche Auswirkungen haben Einstellungen auf pädagogisches Handeln? Eine Fragebogenerhebung bei Lehrer(inne)n an Schulen für Geistigbehinderte in Baden-Württemberg. Geistige Behinderung 37, 120–131
Hetzner, R., Podlesch, W. (1997): Kinder mit elementaren Lernbedürfnissen („Schwerstmehrfachbehinderte") in Integrationsklassen. In: Eberwein 1997, 349–358
Hinz, A. (1991): Kinder mit schwerster Behinderung in Integrationsklassen. Geistige Behinderung 30, 130–145
- , Boban, I. (1995): Werkstatthaus Hamburg – Wohnen mitten in der Stadt und arbeiten in einem rollstuhlgerechten Hotel. Zeitschrift für Heilpädagogik 46, 384–387
Hoffrichter, R. (1994): Arbeit ist möglich! Arbeitsangebote in den Tagesförderstätten der Spastikerhilfe Berlin. Das Band 25, 8–13
Horstmann, T. (1982): Frühförderung bei Kindern mit Cerebralen Bewegungsstörungen unter sonderpädagogischem Aspekt. Edition Schindele, Heidelberg
Hulsegge, J., Verheul, A. (1989): Snoezelen – Eine andere Welt. Ein Buch für die Praxis. Lebenshilfe, Marburg

ICAAC-Deutschland, Gesellschaft für Unterstützte Kommunikation (Hrsg.) (1996): „Eddi – mein Assistent" und andere Beiträge zur Unterstützten Kommunikation, Reader der Kölner Fachtagungen. Selbstbestimmtes Leben, Düsseldorf

Jank, W., Meyer, H. (1991): Didaktische Modelle. Scriptor, Frankfurt a. M.
Jansen, G. W. (1972): Die Einstellung der Gesellschaft zu Körperbehinderten. Edition Schindele, Rheinstetten
- (1975): Verhaltenssteuerung. In: Bläsig/Jansen/Schmidt 1975, 256–266
- (1987): Prozesse der Ausgliederung und der Integration. In: Fengler, J., Jansen, G. W. (Hrsg.): Heilpädagogische Psychologie. Kohlhammer, Stuttgart/Berlin/Köln/Mainz, 259–276

Jantzen, W. (1982): Sozialgeschichte des Behindertenbetreuungswesens. Deutsches Jugendinstitut, München

Jetter, K. (1979): Bezugspunkte einer handlungsorientierten Didaktik der Schule für Körperbehinderte. In: Jetter, K., Schönberger, F. (Hrsg.): Verhaltensstörung als Handlungsänderung. Huber, Bern/Stuttgart/Wien, 41–54

Kalbe, U. (1993): Die Cerebral-Parese im Kindesalter. 2.A. G. Fischer, Stuttgart/Jena/New York
– (1995): Hilfsmittelversorgung bei Kindern mit Körperbehinderungen. G. Fischer, Stuttgart/Jena/New York

Kallenbach, K. (Hrsg.) (1994): Väter behinderter Kinder. Geschichten aus dem Alltag. Rowohlt, Hamburg
– (1997): Väter schwerstbehinderter Kinder. Projektbericht aus der Forschungsgemeinschaft „Das körperbehinderte Kind". Institut an der Universität zu Köln. Waxmann, Münster/New York/München/Berlin
– (Hrsg.) (1998): Kinder mit besonderen Bedürfnissen. Ausgewählte Krankheitsbilder und Behinderungsformen. Edition Marhold, Berlin

Kaune, W. (1993): Das heilpädagogische Voltigieren und Reiten mit geistigbehinderten Menschen. Deutsches Kuratorium für therapeutisches Reiten e.V., Wahrendorf

Kautter, H., Klein, G., Laupenheimer, W., Wiegand, H. S.(1988): Das Kind als Akteur seiner Entwicklung. Edition Schindele, Heidelberg

Kiphard, E.J. (1989): Psychomotorik in Praxis und Theorie. Ausgewählte Themen der Motopädagogik und Mototherapie. Flöttmann, Gütersloh

Klauer, K.J. (Hrsg.) (1992): Grundriß der Sonderpädagogik. Edition Marhold, Berlin

Klink, J. G. (Hsrg.) (1966): Zur Geschichte der Sonderschule. Klinkhardt, Bad Heilbrunn, 18–22

Klostermann, W. (1985): Körpertherapie bei schwerstbehinderten blinden Kindern. Zeitschrift für Heilpädagogik 36, 33-39

Knop, J. (1998): Es hat sich gelohnt, Mutter. Autobiographische Begebenheiten eines spastisch Gelähmten. Bonn

Kristen, U. (1994): Praxis Unterstützte Kommunikation. Eine Einführung. Selbstbestimmtes Leben, Düsseldorf

Kultusministerkonferenz (1960): Gutachten zur Ordnung des Sonderschulwesens. Bonn
– (1972): Empfehlungen zur Ordnung des Sonderschulwesens. Bonn
– (1984): Empfehlungen für den Unterricht in der Schule für Körperbehinderte. Luchterhand, Neuwied
– (1994): Empfehlungen zur sonderpädagogischen Förderung in den Schulen der Bundesrepublik Deutschland. Bonn
– (1998): Empfehlungen zum Förderschwerpunkt: „körperliche und motorische Entwicklung". Bonn

Kunert, S. (1974): Verhaltensstörungen und psychagogische Maßnahmen bei körperbehinderten Kindern. 2. A. Edition Schindele, Rheinstetten
– (1975): Prinzipien der Unterrichts- und Erziehungsarbeit bei Körperbehinderten. In: Bläsig/Jansen/Schmidt 1975, 43–57

Kurtz, J. M. von (1966): Über den Zustand und Nutzen einer Unterrichts-, Erziehungs- und Beschäftigungsanstalt für krüppelhafte Kinder. In: Klink 1966, 18–22

Lelgemann, R. (1996): Arbeit ist möglich! Arbeitshilfen und Arbeitsplätze für Menschen mit schweren und mehrfachen Behinderungen. Selbstbestimmtes Leben, Düsseldorf

Leontjew, A. N. (1964): Probleme der Entwicklung des Psychischen. Volk und Wissen, Berlin
– (1982): Tätigkeit – Bewußtsein – Persönlichkeit. Pahl-Rugenstein, Köln

Leyendecker, Ch. (1982): Lernverhalten behinderter Kinder – Eine vergleichende experimentelle Untersuchung zum Lernverhalten bei Kindern mit cerebralen Bewegungsstörungen. 2. A. Edition Schindele, Heidelberg
–, Kallenbach, K. (1989): Studienbrief: Motorische Störungen. Deutsches Institut für Fernstudien an der Universität Tübingen, Tübingen

Lichtenberg, A. (1992): Aus der kunsttherapeutischen Arbeit mit schwerst- und mehrfachbehinderten Heimbewohnern. Lebenshilfe, Landesverband Nordrhein-Westfalen (Hrsg.): Annehmen und Verstehen – Förderung von Menschen mit schweren und schwersten Behinderungen. Lebenshilfe, Düsseldorf, 283–316

Löb, R. (1985): Mit Löb-System lernen. Eigenverlag, Amberg

Lösener, R. (1993): Zur Situation von Körperbehinderten und ihren Familien. In: Wellmitz/v. Pawel 1993, 199–214

Lumer, B. (1995): Integration, Kooperation und Beratung als zentrale Aufgabe von Lehrern und Lehrerinnen in Europa. Konsequenzen für die Lehrerbildung. Zeitschrift für Heilpädagogik 46, 56–61

Mall, W. (1984): Basale Kommunikation – ein Weg zum anderen. Geistige Behinderung 23, Heftmitte

Maslach, C. (1976): Burnout. Human behaviour 5, 6–22
– (1984): Das Problem des Ausbrennens bei berufsmäßigen Helfern. Arbeitspapier zum internationalen Symposium „Orte zum Leben". Tübingen (unveröff.)

Merkens, L. (1981): Fürsorge und Erziehung bei Körperbehinderten. Eine historische Grundlegung zur Körperbehindertenpädagogik bis 1920. Edition Marhold, Berlin

Merleau-Ponty, M. (1966): Phänomenologie der Wahrnehmung. De Gruyter, Berlin

Möckel, A. (1988): Geschichte der Heilpädagogik. Klett-Cotta, Stuttgart

Möller, Ch. (1973): Technik der Lernplanung. Beltz, Weinheim

Montessori, M. (1978): Das kreative Kind. Herder, Freiburg

Mühl, H. (1994): Einführung in die Geistigbehindertenpädagogik. 3. A. Kohlhammer, Stuttgart/Berlin/Köln

Muth, J. (1973): Möglichkeiten und Grenzen schulischer Integration behinderter Kinder. Zeitschrift für Heilpädagogik 24, 262–272

Neubert, D., Cloerkes, G. (1994): Behinderung und Behinderte in verschiedenen Kulturen. Eine vergleichende Analyse ethnologischer Studien. 2. A. Edition Schindele, Heidelberg

Neumann, K. (1977): Intelligenzleistungen behinderter Kinder – eine vergleichende Analyse von Körperbehinderten, Cerebralgeschädigten und Nichtbehinderten. Beltz, Weinheim/Basel
– (1981): Intelligenztest für 6-14jährige körperbehinderte und nichtbehinderte Kinder (ITK). Beltz, Weinheim/Basel
– (1992): Zur Freizeitsituation körperbehinderter Jugendlicher. Erste Ergebnisse einer empirischen Vergleichsstudie in einer (west)deutschen Großstadt. Das Band 5, 8–12

Ortmann, M. (1995): Progredient erkrankte Schüler als schulpädagogische Herausforderung für die Körperbehindertenpädagogik. Zeitschrift für Heilpädagogik 46, 160–167
Oskamp, U. (1977): Effektivität technischer Kommunikationshilfen für zerebral bewegungsgestörte Schüler mit schweren Dysarthrien. Ein Beitrag zur Körperbehindertenpädagogik. Dissertation. Pädagogische Hochschule Dortmund
– (1978): Reformpädagogische Ansätze in der frühen Körperbehindertenpädagogik aus der „Zeitschrift für Krüppelfürsorge" 1909–1920. Die Rehabilitation 17, 179–187

Pawel, B. von (1984): Körperbehindertenpädagogik. Kohlhammer, Stuttgart
Pechstein, J. (1974): Umweltabhängigkeit der frühkindlichen zentralnervösen Entwicklung. Thieme, Stuttgart
Pfeffer, W. (1988): Förderung schwer geistig Behinderter – eine Grundlegung. Edition Bentheim, Würzburg
Piaget, J. (1969): Das Erwachen der Intelligenz beim Kinde. Klett-Cotta, Stuttgart
Praschak, W. (1991): Kooperative Pädagogik Schwerstbehinderter – sensomotorische Kooperation im Alltag. In: Fröhlich, A. (Hrsg.): Handbuch der Sonderpädagogik. Bd. 12. Pädagogik bei schwerster Behinderung. Edition Marhold, Berlin, 230–239

Reiser, H. (1990): Ergebnisse der Untersuchung. In: Deppe-Wolfinger/Prengel/Reiser 1990, 259–272
Rohen, J. W. (1987): Funktionelle Anatomie des Menschen. Ein kurzgefaßtes Lehrbuch der makroskopischen Anatomie nach funktionellen Gesichtspunkten. 5. A. Schattauer, Stuttgart/New York

Schlack, H.G. (1997): Neue Konzepte in der Frühbehandlung und Frühförderung. In: Leyendecker, C., Horstmann, T. (Hrsg.): Frühförderung und Frühbehandlung. Wissenschaftliche Grundlagen, praxisorientierte Ansätze und Perspektiven interdisziplinärer Zusammenarbeit. Edition Schindele, Heidelberg, 15–22
Schmeichel, M. (1978): Begrenzung des Lebens durch fortschreitende Körperbehinderung – Ein Problem der Erziehung. In: Bundesverband für spastisch Gelähmte und andere Körperbehinderte e. V. (Hrsg.): Dokumentation zur Situation Schwerstbehinderter. Kemper, Staufen i. Br., 33–48
– (1983a): Geschichtliche Determinanten und heutige Ansätze. In: Haupt/Jansen 1983, 4–14

– (1983b): Probleme der Förderung von Kindern und Jugendlichen mit
   progredienten Krankheiten. In: Haupt/Jansen 1983, 221–230
–, Schmeichel, B. (1978): Hilfe für körperbehinderte Kinder. Klett-
   Cotta, Stuttgart
Schmidt, M. (1972): Kinder mit cerebralen Bewegungsstörungen in
   ihrem intelligenten Verhalten. Edition Marhold, Berlin
– (1983): Körperbehinderungen bei Kindern aus medizinischer Sicht.
   In: Haupt/Jansen 1983, 369–393
Schöler, J. (1993): Integrative Schule – Integrativer Unterricht. Ratgeber
   für Eltern und Lehrer. Rowohlt, Hamburg
Schönberger, F. (1971): Die sogenannten Contergankinder. Ernst Rein-
   hardt, München/Basel
– (1983): Neue didaktische Konzeptionen in der Körperbehinderten-
   pädagogik. In: Haupt/Jansen 1983, 52–75
–, Jetter, K., Praschak, W. (1987): Bausteine der kooperativen Pädago-
   gik. Bernhardt-Pätzold, Stadthagen
Seifert, R. (1991): Die Begleitung lebensbedrohlich erkrankter Schüler.
   Eine Herausforderung für den Sonderpädagogen an der Schule für
   Körperbehinderte. Zeitschrift für Heilpädagogik 43, 503–513
Seywald, A. (1977): Körperliche Behinderung. Grundlagen einer Sozio-
   logie der Benachteiligten. Campus, Frankfurt/New York
Singer, P. (1984): Praktische Ethik. Reclam, Stuttgart
Snijders, J. Th., Tellegen, P. J., Laros, J. A. (1989): Snijders-Oomen
   non-verbaler Intelligenztest (SON-R 5 1/2–17). 2. A. Hogrefe,
   Göttingen
Solarová, S. (1975): Mehrfachbehinderte – Ursachen, Erscheinungsfor-
   men und Auswirkungen. In: Deutscher Bildungsrat 1975, 225–272
– (Hrsg.) (1983): Geschichte der Sonderpädagogik. Kohlhammer,
   Stuttgart
Sowa, M., Metzler, N. (Hrsg.) (1996): Der therapeutische Umgang mit
   behinderten Menschen. 3. A. Modernes Lernen, Dortmund
Speck, O. (1975): Soziale und personale Integration. Grundgedanken
   zur Erziehung des geistig behinderten Menschen. Vierteljahresschrift
   Lebenshilfe 1, 18–24
– (1989): Entwicklungen im System der Frühförderung. In: Speck, O.,
   Thurmair, M. (Hrsg.): Fortschritte der Frühförderung entwicklungs-
   gefährdeter Kinder. Ernst Reinhardt, München/Basel
– (1998): System Heilpädagogik: Eine ökologisch reflexive Grundle-
   gung. 4. A. Ernst Reinhardt, München/Basel
–, Warnke, A. (Hrsg.) (1989): Frühförderung mit den Eltern. 2. A. Ernst
   Reinhardt, München/Basel
Staatsinstitut für Schulpädagogik und Bildungsforschung (1993): Die
   Schule für Körperbehinderte. Leitgedanken zu Erziehung, Unterricht
   und Förderung. Alfred Hintermayer, München
Stadler, H. (1995): Körperbehindertenpädagogik. In: Bleidick, U. (Hrsg.):
   Einführung in die Behindertenpädagogik II. 2. A. Kohlhammer, Stutt-
   gart/Berlin/Köln, 84–105
– (1998): Rehabilitation bei Körperbehinderung. Eine Einführung in
   schul-, sozial- und berufspädagogische Aufgaben. Kohlhammer, Stutt-
   gart/Berlin/Köln

Steinhausen, H. (1988): Psychische Störungen bei Kindern und Jugendlichen. Lehrbuch der Kinder- und Jugendpsychiatrie. Urban und Schwarzenberg, München/Wien/Baltimore

Stemshorn, A. (Hrsg.) (1994): Barrierefrei bauen für Behinderte und Betagte. 3. A. Alexander-Koch GmbH, Leinfelden-Echterdingen

Stoellger, N. (1997): Das Sonderpädagogische Förderzentrum. Darstellung und Erläuterung eines Reformkonzeptes. Zeitschrift für Heilpädagogik 48, 98–104

Straßmeier, W. (1994): Wo drückt der Schuh am meisten? Umfrageergebnisse des VdS vom Oktober 1993. Zeitschrift für Heilpädagogik 45, 612–620

Studienseminar für das Lehramt für Sonderpädagogik Dortmund (Hrsg.) (1995): Materialien Unterrichtsplanung – Baustein: „Förderschwerpunkt". Dortmund (unveröff.)

Stührenberg, Th. (1986): Überlegungen zum Wohnen Schwerstbehinderter. Behindertenzeitschrift 23, 367–370

Theunissen, G. (1992): Neuere Ansätze zur Förderung schwerstbehinderter Menschen und Perspektiven für die heilpädagogische Arbeit. Zeitschrift für Heilpädagogik 43, 16–27

– (1998): Eltern behinderter Kinder als Experten in eigener Sache. Dargestellt und ausgewertet am Beispiel der Behindertenarbeit in den USA. Zeitschrift für Heilpädagogik 49, 100–105

Thies, C. (1998): Innovative berufliche Qualifizierung für Menschen mit Behinderungen – ein Beitrag zur Theorie und Praxis des ambulanten Arbeitstrainings. Diplomarbeit, Fachhochschule Magdeburg (unveröff.)

Thimm, W. (Hrsg.) (1972): Materialien zur Soziologie der Behinderten. Edition Schindele, Rheinstetten

– (1995): Das Normalisierungsprinzip. 6. A. Lebenshilfe, Marburg

Vogel, B. (1987): Musikhören und spüren – der Pränatalraum für Schwerst- und Mehrfachbehinderte. Musiktherapeutische Umschau 8, 204–224

Vojta, V. (1988): Die zerebralen Bewegungsstörungen im Säuglingsalter. 5. A. Enke, Stuttgart

Wallrabenstein, W. (1991): Offene Schule – Offener Unterricht. Ratgeber für Eltern und Lehrer. Rowohlt, Hamburg

Wehr-Herbst, E. (1988): Wahrnehmung und Bewegung. Eine empirische Untersuchung zum Zusammenhang von Augenbewegungen und kognitiven Kompetenzen körperbehinderter Kinder. Edition Schindele, Heidelberg

– (1997): Die heutige Schülerschaft in den Schulen für Körperbehinderte. Zeitschrift für Heilpädagogik 48, 316–322

Weinwurm-Krause, E. M. (1990a): Wohnen Behinderter – behindertes Wohnen? Behinderte 13, 27–34

– (1990b): Soziale Integration und sexuelle Entwicklung Körperbehinderter. Edition Schindele, Heidelberg

Weiss, H. (1989): Familie und Frühförderung. Analyse und Perspektiven der Zusammenarbeit mit Eltern entwicklungsgefährdeter Kinder. Ernst Reinhardt, München/Basel

Wellmitz, B., Pawel, B. von (Hrsg.) (1993): Körperbehinderung. Ullstein Mosby, Berlin

Wienhus, J. (1979): Die Schule für Kranke, ihre Aufgabe in der pädagogischen und psychosozialen Betreuung kranker Kinder. Edition Schindele, Rheinstetten

Wilken, U. (1983): Körperbehindertenpädagogik. In: Solarová 1983, 212–259

– (1993): Berufliche Integration Körperbehinderter. In: Wellmitz/v. Pawel 1993, 177–181

Wocken, H. (1987): Schulleistungen in Integrationsklassen. In: Wocken, H., Antor, G. (Hrsg.): Integrationsklassen in Hamburg. Erfahrungen – Untersuchungen – Anregungen. Solms, Oberbiel, 276–306

– (1991): Integration heißt auch: Arbeiten im Team. Bedingungen und Prozesse kooperativer Arbeit. Pädagogik 1, 18–22

– (1992): Bewältigung von Andersartigkreit. Untersuchungen zur sozialen Distanz in verschiedenen Schulen. In: Gehrmann, P., Hüwe, B. (Hrsg.): Forschungsprofile der Integration von Behinderten. Symposion 1992. Neue-Dt.-Schule-Verl.-Ges., Essen, 86–106

Wolfgart, H. (1967): Versuch eines erziehungswissenschaftlichen Ansatzes der Körperbehindertenpädagogik. Zeitschrift für Heilpädagogik 18, 15–62

– (1976): Grundaspekte einer Didaktik der Schule für Körperbehinderte. In: Kluge, K. J. (Hrsg.): Einführung in die Sonderschuldidaktik. Wissenschaftliche Buchgesellschaft, Darmstadt, 237–256

Würtz, H. (1921): Das Seelenleben des Krüppels. Krüppelseelenkundliche Erziehung und das Gesetz betr. öffentliche Krüppelfürsorge. Vo, Leipzig

Wygotski, L. (1986): Denken und Sprechen. Fischer, Frankfurt a. M.

Zwierlein, E. (Hrsg.) (1996): Handbuch Integration und Ausgrenzung. Behinderte Menschen in der Gesellschaft. Luchterhand, Neuwied

Bildnachweise

Abb. 14–25 u. 28–30: Zeichnungen von Heidemarie Bach

Abb. 27: © Bliss-Symbole weltweit: Blissymbolics Communication International, 1630 Lawrence Avenue West Suite 104, Toronto, Ontario, M6L 1C5 Canada. – Deutschsprachiger Raum: Bundesverband für Körper- und Mehrfachbehinderte e. V. Brehmstr. 5–7, D-40239 Düsseldorf

Sachregister

Ingeborg Hedderich / Elisabeth Dehlinger

Bewegung und Lagerung

im Unterricht mit schwerstbehinderten Kindern

1998. 126 Seiten. 44 Abb. 4 Tab. (3-497-01469-9) kt

In diesem Buch werden die Bewegungsstörungen, die bei Kindern mit schwersten Behinderungen auftreten können, anhand der Infantilen Cerebralparese exemplarisch aufgezeigt. Es zeigt, wie therapeutische und pädagogische Inhalte im Unterricht miteinander verknüpft werden können. Im breit angelegten und bebilderten Praxisteil werden bewegungsunterstützende Maßnahmen für den Unterricht vorgestellt.

Clemens Hillenbrand

Einführung in die Verhaltensgestörtenpädagogik

1999. 236 Seiten. 24 Abb. 6 Tab. 45 Übungsaufgaben. UTB–M (3-8252-2103-2) kt

Verhaltensstörungen sind für Pädagogen eine zunehmende Herausforderung, Lehrer und Erzieher geraten im Umgang mit auffälligen Kindern schnell an ihre Grenzen. Der Autor vermittelt einen Überblick über Grundlagen, Methoden und Modelle der Sonderpädagogik und praxisrelevante Ergebnisse der Verhaltensgestörtenpädagogik.

Annette Leonhardt

Einführung in die Hörgeschädigtenpädagogik

1999. 255 Seiten. 44 Abb. 15 Tab. 77 Übungsaufgaben. UTB–M (3-8252-2104-0) kt

Das Buch bietet einen grundlegenden, systematischen Überblick über die Anliegen der Hörgeschädigtenpädagogik, Arten von Hörschäden, deren Auswirkungen sowie diagnostische Aspekte und Fördermöglichkeiten in verschiedenen Altersstufen und Organisationsformen.

Ernst Reinhardt Verlag München Basel